章太炎与明治思潮

【日】小林武——著
白雨田——译

上海人民出版社

图书在版编目(CIP)数据

章太炎与明治思潮/(日)小林武著;白雨田译.
—上海:上海人民出版社,2018
(章学研究论丛)
ISBN 978-7-208-14943-4

Ⅰ.①章… Ⅱ.①小… ②白… Ⅲ.①章太炎(1869-1936)-学术思想-研究 ②思想史-研究-日本-明治时代 Ⅳ.①B259.25②B313.4

中国版本图书馆CIP数据核字(2017)第304958号

责任编辑 张钰翰
封面设计 范昊如 夏 雪

章学研究论丛
章太炎与明治思潮
[日]小林武 著
白雨田 译

出　　版 上海人民出版社
(200001 上海福建中路193号)
发　　行 上海人民出版社发行中心
印　　刷 上海盛通时代印刷有限公司
开　　本 890×1240 1/32
印　　张 5.75
插　　页 4
字　　数 121,000
版　　次 2018年4月第1版
印　　次 2018年4月第1次印刷
ISBN 978-7-208-14943-4/K·2706
定　　价 38.00元

“章学研究论丛”学术顾问

（以姓氏笔画为序）

目　录

谢　辞

承蒙东京大学林少阳先生极力推荐，本书的中文译本才得以付诸实行。林先生恰好在对章太炎以及近代中国的言语意识进行研究，可谓机缘。此外，还承蒙上海人民出版社张钰翰先生不吝烦劳，担任编辑。另外，对于此次拙著中文版的出版事宜，东京研文出版的山本实社长不但慨然允诺，还为能将日本的研究成果介绍到中国而感到欣喜。最后不能忘记的是，不辞辛劳翻译本书的冈山大学白雨田先生。先生不但精巧地翻译出了晦涩的拙著，同时也不厌其烦地负责了翻译阶段的各项联络工作。

本书的中文译本，正是得到了以上诸位的大力协助才得以刊行，谨此铭记，并深致谢忱。

中译本前言

此次拙著《章太炎与明治思潮》有幸被收入了“章学研究论丛”之中，谨此对该丛书的刊行表示由衷的喜悦。这充分说明了章太炎研究在内容上更为充实，于我也是一种无上的荣耀。

在我志于研究的1970年代，中国近代思想研究还未出现今日的盛况。因为在当时，中国对于资产阶级革命的历史评价尚未定型。但是在日本，则将清末民初看作为新中国的胎动时期，从而对其萌芽以及思想的可能性展开研究。在这点上，与当时尚在“文革”当中的中国完全不同。一般而言，章太炎被认为是辛亥革命的思想领袖、民族主义者、特立独行的思想家以及传统学术的大家。虽然与孙文相比，尚远未被世人所了解，但是也有诸如荒木见悟氏的《齐物论释训注》(1970年)以及高田淳氏的《辛亥革命与章太炎的齐物哲学》(1984年)等优秀的研究成果。章太炎与日本的关系，则因为他曾于辛亥革命之前滞留东京，并与日本的社会主义者进行过交流而早已广为人知。但是，其思想与日本的明治思潮的具体关系尚不明了，其传统学术与思想又有何关系，还有很多亟待解决的课题。换言之，前者的研究课题，是指章太炎的知识营构是否向外界开放。而后者，则是重视真理性的学问与结合现实的思想，在章太炎身上究竟有何关联的问题。

本书旨在探讨章太炎的知识营构与日本明治思潮之间的关系，并考察其学问与思想之间的关联。通过该考察，明确了章太炎与明治思潮的关系，叔本华对章太炎的影响，以及姉崎正治与中江兆民对章太炎的影响等三点。

第一点，在日本思想中，明治三十年代的思潮非常重要。此点不仅表现在《訄书》重订本诸篇所引的书籍上，也表现在章太炎的用语当中。梁启超与明治思潮的关系早已尽人皆知，而关于传统学术的大家也批判性地对明治思潮加以汲取这一点，则鲜为人知。可以说，章太炎的知识营构是具有开放性的。虽然其“诘屈聱牙”的表达方式与古典素养使其知识世界晦涩难懂，但其知识营构的开放性还是值得重视。章太炎的国学以及民族主义，并非是自闭和排他的。

第二点，在西洋哲学家中受到了叔本华的影响。明治三十年代，在日本，叔本华以及哈特曼的厌世哲学大为流行。章太炎对于厌世哲学，尤其是叔本华的哲学较为重视。原因在于叔本华的康德哲学批判以及对印度思想的关心。在章太炎的哲学形成当中，无法忽视叔本华的影响。

第三点，作为日本的学者，姉崎正治与中江兆民也在知识方面给予了章太炎一定的刺激。宗教学者姉崎正治的影响，可见于《訄书》重订本。例如“原型观念”这个词便是《齐物论释》的重要概念，源于姉崎正治著《上世印度宗教史》。此外，中江兆民也通过他翻译的叔本华《道德学大原论》一书影响了章太炎。章太炎曾从反功利思想的立场，探索过自利与利他的问题，而《道德学大原论》则在该问题上给予了章太炎哲学性的启示。即，康德认为善是由“道德的命令”来实行的，但叔本华则批判说，若以“道德的命令”实行则是具有利己性的行为，只是在期待报恩前提下的行善而已，而善行本应为不期待报恩的“恻隐之情”。从彼时章太炎主张克服利己心并宣扬革命道德一点上，可以明确得知，是受到了主张期待报恩为不道德的《道德学大原论》的启发。

章太炎的知识，正是通过与叔本华以及姉崎正治、中江兆民的碰撞，才具备了开放性的特点。仅从当时的时代背景为全球化初期阶段这一点，尚不足以对此进行说明。正是因为章太炎首先开放了自身的精神，才批判性地摄取了明治思潮以及西洋近代思想，形成了自身的哲学。但是，作为古典研究大家的章太炎，也因为其用词华丽使文章过于古色苍然，而掩盖了其开放的知识营构。在研究之际，将其华丽的外表一层层剥开之后，才展现出与叔本华以及明治思潮的关系。

日本的中国近代思想研究，在整体的研究视角上与中国不同。如能将其介绍给中国，则会在认识方式上互通有无，或成为推进研究发展的一个契机。衷心希望在不久的将来可以看到一个崭新的章太炎形象。

日本京都产业大学　小林武

2017 年 4 月

前 言

本书，主要是通过与明治思潮的关联，来探索近代中国的民族主义者章太炎（名炳麟，字枚叔，号太炎，1869—1936）的思想形成。章太炎既为清朝考证学大家，又是思想家及指导辛亥革命（1911 年）的革命家。不过在日本，称其为《阿 Q 正传》作者鲁迅的老师，或更为易懂一些。章太炎并不如孙文一般广为人知，然而仅凭其拟定了中华民国的国号，设计了汉字的表音方式（注音字母）等，便可以得知其历史作用之大。

但其人究竟如何？依然不明就里。在此，且借曾与章太炎会面的芥川龙之介（1892—1927）的描述进行说明。芥川龙之介曾于 1921 年春访问上海。与当时中国紧张的政治局势正好相反，普通中国人的日常生活缓慢而悠长。对此，芥川感怀不已。面对“于《文章轨范》及《唐诗选》之外的中国一无所知的汉学兴趣”与“猥亵的、残酷的、贪食的、如小说般的中国”之间的鸿沟，他受到了巨大的文化冲击。如此这般于某一日的雨天，他遇见了章太炎。见面场所在墙壁上挂着一只鳄鱼标本的章太炎的书斋之中。书斋寒意彻骨，既无座垫也无火炉，他自己仅穿了一件单薄的大褂，而章先生则身着鼠灰色的大褂儿，外加一件带有厚厚毛皮里子的黑马褂儿，坐在铺着毛毯的藤椅上，对当时中国的政治及社会问题高谈阔论，滔滔不绝。在芥川的眼中，对章太炎有着如下的印象：

> 但不客气的说，其容貌绝无可以称赞之处，皮肤之色尽黄，口髭腮髯极为稀薄。肤色皆黄，须髯稀疏得可怜。额头突兀高耸犹如肉瘤。但，只有那一双如线一般细长的眼睛——只有那一双在高级的无框眼镜背后，总是冷然微笑的眼睛，却是如假包换。皆因这双眼睛，先生饱尝了袁世凯的牢狱之苦。同时也因为这双眼睛，虽然袁世凯囚禁了先生，却终于未敢加害于他。①

芥川边听章太炎说话，边不时抬头看看那条鳄鱼标本。那条鳄鱼知道睡莲的味道，知道太阳的光芒，也知道温暖的河水。鳄鱼啊，在被制作成标本之前，你多幸福！因为我就是一直如此活着的……文章到此结尾。当时章太炎倡导联省自治，身陷军阀混战的政治漩涡之中。当时的会谈，也许对此有所言及。但是，芥川并未写出章太炎的政治言论等具体内容。这并非由于彻骨的寒冷将章太炎与芥川隔断，其原因恐怕是两人之间存在的中日文化差异。因为，中国的士人关心思想与政治，而日本的文人则刻意与政治保持距离。话虽如此，芥川还是极为巧妙地捕捉到了章太炎的特征，将其为人凝缩到“冷然微笑的细眼”之中。这正是一双超越了思想斗争及政治苦难的眼睛。

---

① 芥川龙之介:《上海游记》，日本改造社 1924 年版。

章太炎的思想极具独创性。例如在《四惑论》一文中，他批判了公理、进化、唯物、自然等四个概念。而这四个概念，在辛亥革命之前占据统治地位，为改革论的根据所在，而章太炎正是对此抱有怀疑。从此意义而言，可以说该文具有反时代性及独创性的特征。另外，《五无论》将民族主义及无政府主义放在漫长的历史当中进行定位，以明治时期流行的厌世观以及其佛教观为根柢。因章太炎既为古典研究的大家，又为民族主义者，所以至今提及章太炎，大多以学术思想及政治社会思想为主对其进行研究。至于其与西洋近代思想以及明治思潮之间的关系，则被看作为非主流；同时，也因为其晦涩的文章不太具备西洋近代思想的气息。然而他的思想正是通过明治思潮，在与西洋近代思想的格斗当中形成的；尤其是西洋哲学，作为思索的源泉对他起到了重要的作用。当时，中国近代的思想家中意识到并论及哲学的极为罕见，章太炎虽为先驱，但是其晦涩的文章表现以及多重思索，却掩盖了这个事实。而且，中国古典研究大家的身份，也进一步固化了其古雅的形象，导致难以看到他在与西洋近代思想进行哲学格斗中形成自己独特的思想这一点。本书将对以下两点进行考察，即，其思想是如何以哲学的形式形成，以及明治思潮又在其中起到何种作用。

章太炎既为民族主义者，又是清朝考证学的大家，因此对西洋近代思想的摄取具有文化上的抵触感。然而，他却有着一段积极摄取西洋近代思想的时期。这与中国在甲午战争中败北后中华意识的减弱，以及欲通过日本学习西洋近代化等有关。章太炎最初参加改革运动，后来又参加了革命运动，在此过程中他超越了旧的思想框架。他在改革运动之际接受了西洋近代思想，加入革命运动后又与西洋近代思想抗衡。其思想轨迹，并未停滞在一名考证学者的思想历程之上，而是与中国思想的相对化与重生的步履接轨。而且，其思想并非仅形成于中国与西洋的两极之间，而是在此两极之间又介入了明治时期的日本。

因此，本书将由以下内容构成：

(1) 简要描述中华意识的问题以及中国的日本观，概观章太炎接近日本、摄取西洋近代思想的历史背景。因为，在异文化的受容方面，必须首先使中华意识相对化。

(2) 从与日本书籍之间的关系，来探讨章太炎的重要思想与西洋近代思想之间的关系。因为，当时中国人基本上都是以日本书籍及明治思潮为媒介来学习西洋近代思想，章太炎也不例外。通过以上考察可知，章太炎的思想与明治思潮有关，而并非仅在中国思想的框架之内展开。

(3) 从西洋近代哲学与中国的古典解释学两个方面对章太炎独创的哲学进行了考察。章太炎一面批判西洋近代哲学，一面依托中国古典研究的传统模式发展自己的哲学。因此可知，中国思想是在与西洋近代思想的对抗之中得以重生的。同时，也可以了解中国古典解释学的文化功能。

(4) 19 世纪末至 20 世纪初，中国近代的思想家是以构筑新型国家社会，以及形成新型伦理观念为课题的。章太炎亦然，并坚持了反功利主义的立场。本书一面顾及此点，一面探索其思想轨迹。

(5) 在文中必要之处，还增加了以上问题所必要的基础常识，在各章末尾处还有内容提要以方便读者统观整章。在末章，还从全球化的角度对章太炎的思想进行了重新审视。此外，还为进一步感兴趣的读者添加了注记，一般读者无视注记也无妨。

章太炎这位思想家，在日本还远未为人所知。即使有所知晓，也是因为其强烈的民族主义以及独创的思想，或是因为其学术大家的身份。本书在触及此点的同时，将对章太炎与明治思潮的关系进行尽量平易的论述。

小林武

2006 年 3 月

序章　从封闭的世界走向开放的世界

第一节　中华意识的转变

中华意识与异文化的接受

中国自古就有强烈的中华意识。所谓中华意识,即认为自身为世界的中心,不认可中国与其他异民族的对等性。因此,中国在摄取西洋文明之际,此种意识便成为一个极大的障碍。因为该意识认同于自身的优越性,而不思学习及吸收异文化,认为异文化与自身并不对等。因此,在接受西洋近代思想之际,有必要对中华意识进行相对化。然而,中华意识是民族文化同一性(identity)的表露,随儒教而逐步强化。从宇宙论至政治论,从伦理说到认识论,儒教广泛地为中国人的精神世界赋予了意义。它将自身作为文明的根据,且经过数千年的浸润,因此,欲对中华意识进行相对化,绝非易事。如同只有中国人对儒教文化的绝对性产生怀疑,中华意识才会自然消失。但是,在进入 19 世纪以后,中国接触到西洋的近代世界,中华意识被迫发生改变。章太炎开始走出考证学的世界,摄取西洋的近代思想又与之对抗,其背后正是因为发生了如此巨大的文化转变。

因此,首先从中华意识及其相对化来考察,以呈现章太炎通过日本摄取西洋近代思想的重要意义。

使节马戛尔尼

18世纪末,发生了一件典型的象征中华意识的事件。1793年8月,英国的马戛尔尼(George Macartney, 1737—1806),作为国王乔治三世的使节来到中国。此次来华,马戛尔尼还带着改善对中贸易的使命,他向清朝的乾隆帝(1736—1795在位)提出谒见请求。当时,欧洲降低了茶叶的进口关税,结果茶叶得到普及,进而需求高涨,英国的东印度公司由此获得巨大利润,英国开始谋求进一步的发展。尽管英国准备进行对等贸易,但中国认为贸易只不过是朝贡的一种形式而已,是皇帝给予的一种恩赐。所谓朝贡,乃是指中国周边的野蛮人("夷狄")仰慕皇帝之德,带着贡品前来问候。因为是仰慕皇帝之德而来,所以双方不可能对等。在马戛尔尼面前,出现了一条文明的鸿沟,此鸿沟仅凭与异国的外交谈判是无法解决的。

马戛尔尼于当年9月,终于在热河的离宫得以谒见正在避暑的乾隆帝。不过,在谒见之际,他被要求行三跪九叩之礼。所谓三跪九叩,是一种每跪一次需要叩三次首的礼拜方式。中国不仅对朝鲜及安南等朝贡国,即使是对荷兰及西班牙、俄罗斯,也要求其在谒见之际行此礼。但是,马戛尔尼以英国非朝贡国为由拒绝行礼。经过再三交涉,终于以英国式的单膝下跪,将英国国王的国书直接递交皇帝之手。这便是所谓的马戛尔尼礼仪问题。

在10月初,针对马戛尔尼带来的国书,乾隆帝给英国国王回复了两封书信。在第一封中，对英国的要求进行了一一拒绝，称我中国德威远被，万国来朝，种种贵重之物，无所不有，“然从不贵奇巧，并无更需尔国制办物件”。即并不重视珍贵之物，并不需要英国的制品。在另外一封回信中，还称“天朝物产丰盈，无所不有，原不假外夷货物以通有无”。即中国物产丰富，无所不有，因此并不需要通过外国的产品来补充自己的不足。文中还写到，中国与西方交易茶叶以及陶瓷器、绢等，是因为皇帝“加恩体恤”，是为了“抚育四夷”①。

由此可见，中国将“贸易”看作施予恩惠、教化野蛮人的一种手段。朝贡这种贸易的形式，本是基于儒教的华夷观念。那么，何为华夷观念？

华夷观

所谓华夷观，是指在与异民族的关系上，儒教具有一种认为中国位尊处优的激进的观念，即中国处于世界的中心，需要从道德上对周边的野蛮人施以教化。例如，《尚书·尧典》中称“蛮夷猾夏”，认为周边的异民族进入中国引起了混乱。由此衍生出两种对待异民族的态度，即将其赶走（“攘夷”）抑或同化（“大同”）。所谓攘夷，因“非我族类，其心必异”②，因此需要使其屈服。《尚书》中所见，在结束混乱状态后加以刑罚，处以流放等，便体现了此种想法。另外，凡是仰慕中国的，则对其进行同化。例如，注释《春秋公羊传》的何休（129—182）认为，在不同的社会发展阶段与异民族的关系也不同，到达理想的最

---

① 萧一山：《清代通史》卷中第16章。稻叶岩吉：《英国大使マカートニイの北京訪問》、《支那近世史講話》，日本评论社1937年版。马戛尔尼著，坂野正高（1916—1985）译：《中国訪問使節日記》（东洋文库），平凡社1975年版。

② 《左传·成公四年》：“史佚之《志》有之，曰：‘非我族类，其心必异。’楚虽大，非吾族也，其肯字我乎？”

终阶段“太平之世”以后，“夷狄进至于爵，天下远近小大若一”①。何休认为，首先是本国至上的相互斗争阶段(“衰乱之世”)，后经天子统治中国而国内秩序初成，但仍残留中国与夷狄之分的阶段(“升平之世”)，最后至太平之世，异民族经过不断同化而将最终同于中国。

乾隆帝在回信中，之所以将贸易称作“天朝加惠远人抚育四夷之道”，正是因为具有此种思想。正如孔子说善政为“近者悦之，远者慕其德而来”(《论语・子路》)，异民族从远方慕德而来，正是善政的表现。但是，对英国来说，贸易乃是在当时不断发展的近代市场体系中不可或缺的部分，应当基于对等的交换，而并非恩惠的表现。虽然在谒见的礼仪上，马戛尔尼拒绝中国的要求也可以说是理所当然，但是在对贸易理解的最基本的层面上，却存在着不断发展的近代体系与中国礼教世界的对立。可见，在中国摄取西洋文明之际，因自身在文化上的优越感而蔑视异民族的华夷观念，正在成为一种障碍。

精神开国的起点

中国在华夷观念上产生动摇，并开始摄取西洋文明的契机，正是鸦片战争(1840—1842)的败北。鸦片战争虽然发端于中国没收烧毁走私鸦片的事件，却有着更为深刻的经济方面以及社会方面的原因。不过，这里先不去谈。我们在此需要注意的是，因为鸦片战争中的败北，中国迫不得已打开了国门，外国的权力则合法进入了中国。例如，在作为鸦片战争的战后处理而缔结的南京条约(1842年)中，规定了割让香港，以及上海、广州等五港开港，并在开港地置领事，承认领

① 《春秋公羊传・隐公元年》何休注：“所见异辞，所闻异辞，所传闻异辞。”

事裁判权，废除中国的垄断的商人体系，英国商人获得居住、通商的自由。曾经马戛尔尼所要求的对等贸易至此全部实现。当然，其结果不限于经济领域，在文化领域，中国的精神世界也被打开。这正是问题所在，不过，当时在精神方面的开国程度尚微。中华意识产生动摇，则要经过约五十年之后甲午战争失败的屈辱现实才得以实现。鸦片战争的败北，只不过是其起点而已。

话虽如此，以此为契机，西洋文明开始加速进入中国。本来英国的传教士，从19世纪初期作为布教活动的一环开始介绍西洋文明。例如，伦敦会传教士马礼逊（Robert Morrison，1782—1834）所创办的月刊《察世俗每月统纪传》（1815年创刊）等便是如此。马礼逊1807年来到中国学习汉语，曾编纂《华英字典》，将《新约圣经》翻译为中文，但在其杂志中，除宗教以外，还收录有新闻以及新的知识①。协助该杂志进行编辑的中国人梁亚发（1789—1855），为新教徒中最早的中国牧师，著有《初学使用劝世良言小言》（1832）。该书对太平天国运动的领袖洪秀全（1814—1864）起到了影响作用。由此可以说，西洋文明逐步打开了中国的精神世界。但是，其影响范围仅限于一小部分人群，并未波及统治中国的士人阶层。士人阶层的精神世界产生动摇，开始怀疑儒教，并急于摄取西洋近代文明，尚在半个世纪以后。

中国在鸦片战争以后，至辛亥革命（1911年）的大约七十年间，经第二次鸦片战争（1856—1860）、中法战争（1884—1885）、甲午战争（1894—1895）、义和团事件（1899—1901）等多次与外国的战争，且每

① 戈公振：《中国报学史》，香港太平书局1964年版，第64—67页。

战每败，不断加深殖民地状态。殖民地状态的深化，一方面培养了国家意识，一方面也暴露了清朝政府的无能，最终酿成了民族主义(nationalism)。吸取西洋近代文明的另一面，即是承认中国精神的不足。中国思想本来自成体系，且涵盖范围广，涉及道德及政治、社会及经济、宇宙及艺术、宗教等诸多领域，并将其相互关联，文学也被作为教养来学习。中国不仅“物产丰盈”，自古以来精神的文化同一性(indentity)也极强。中华意识，正是从其对外关系中所喷涌而出的。因此，中华意识越强，越难以平等对待并接受异文化。虽然在甲午战争以后，中国开始迫切吸取西洋近代文明，但已是在鸦片战争结束五十年以后，必须要经历一定的时间才得以实现。

中国的精神转向——中体西用论

即使鸦片战争败北，清朝政府的反应依然迟钝，并未立刻采取近代化的对策。以富国强兵为目的的洋务运动始于 1862 年。这虽然是由于中国缺乏已经沦为巨大殖民地的现实感受，而中华意识也削弱了这种危机感。但是，在此二十年间，直面太平天国之乱(1850—1864)以及第二次鸦片战争，并亲眼目睹了西洋军备的充实，却是直接的契机。

洋务运动为清朝政府主导的近代化的尝试，首先成立了军事工业(1862—1872)，并以此为轴心开展了矿山开发以及铺设铁道、发展轻工业等(1872—1885)，最后成立了北洋海军(1888)以及制铁所等(1884—1894)。例如，江南制造总局(1865)为洋务运动最大规模的军事工业，由汉人高官李鸿章(1823—1901)在上海建造。福州船政局(1866)则为同是汉人高官的左宗棠(1812—1885)开创的造船相关的军事工业。与此同时，洋务派还着力培养洋务人才。其一，是以京师同文馆及福州船政学堂为首的学校，其二，是向西洋派遣留学生。

京师同文馆，是江南制造总局为充实西式军备，培养翻译工作人才，于 1862 年开设的。初期只有一名英国人教官与数名中国教员，教授英语。翌年，加设法文馆及俄文馆。又于 1872 年设德文馆，1896 年增设东文（日语）馆。同文馆除外语以外，还教授各国的地理、历史、初等自然科学等。[①]船政学堂中也主要教授外语（法语、英语）及造船技术、航海技术等。此外于 1872 年，初次向美国派遣留学生。至 1875 年分四次共计派遣了 120 名留学生，学习军政、船政、制造等科目。此外还向西洋派遣留学生，于 1876 年正式向德国派出 7 名，向法国派出 16 名，向英国派出了 12 名留学生。

洋务运动的理论基础是中体西用论。所谓中体西用论，将中国的精神视为根本（“体”），将西洋的技术视为次要的作用（“用”）。例如冯桂芬（1809—1874）认为，“如以中国之伦常名教为原本，辅以诸国富强之术，不更善之善者哉？”（《校邠庐抗议・采西学议》），提倡以中国道德为核心而学习西洋的富强术。作为思想家，他给予李鸿章的洋务以重要的启示，[②]即一方面以自强为宗旨而探索内政改革的原理，一面提倡学习西洋式军备。而其理论依据正是中体西用论。此说仅认可在军事以及技术方面的学习，其中外语学习以及海外留学也基于此种考虑。换言之，则意味着在政治及道德等领域中，中国固有的理论已经足够，并不需要向外学习。当时，儒教仍然处在不可动摇的地位。

---

① 《中国近代教育大事记》，上海教育出版社 1981 年版；市川博、斋藤秋男：《中国教育史》，讲谈社 1975 年版。

② 小野川秀美：《清末洋務派の運動》，氏著《清末政治思想研究》，みすず书房 1969 年版。

而甲午战争的败北，则使这种认识出现了破绽。败给了同一时期试图富国强兵的小国日本的事实，使士人们心中产生了莫大的屈辱感与深刻的亡国危机感，同时也导致了对支撑洋务运动的中体西用论的否定。中国败北的原因，并不在军事实力，而在于政治体制、爱国心以及教育等方面。这个发现，终于使中华文化同一性（indentity）产生了动摇。

根深蒂固的中体西用论——张之洞

甲午战争的败北，孕育了变法自强运动。该运动志在将持续了二千年的专制君主制改革为立宪君主制，将中国变为强国。提倡该运动的，是康有为（1856—1927）。康有为提倡实行变法，主张立宪法、开国会、废科举、设学校、实施国民教育等。该观点可以概括为制约长期延续下来的专制君主权力。但其后为此实行的变法维新，却由于西太后一派的政变，仅维持三个月便以失败告终。

但是，虽然挫败了变法维新，保守派却缺乏新的自强策略，经过义和团事件（1899—1901）等困难的政治局面，不得不实施新的洋务，其领袖为汉人高官张之洞（1837—1909）。作为变法维新以前的洋务派，张之洞曾设官营纺织工厂以及兵工厂，开铁山等，实施富强政策，还施行了新式教育。在广东水陆师学堂、湖北武备学堂等军事领域以及蚕桑学堂、工艺学堂等实业领域施行学校教育，向日本及西洋派遣留学生。张之洞的人才培养政策，不仅限于军事方面，还扩大到实业领域。西洋近代文明的优越性开始超越军事领域，在产业社会等广泛的领域内得到承认。

例如，在广东水陆师学堂的水师（海军）课程中，学习英语、管轮（船舶的机关、测量）、驾驶（船舶的驾驶、天文、海路、攻战等）等。在陆师(陆军)课程中,学习德语、马步(武术姿势)、枪炮、营造等。而且,各课程除正课以外,每天早晨还学习四书五经,旨在不忘中国的精神。此外,在两湖书院(创设于1890年),设有经学(儒家经典研究)、史学、理学、文学、算学、经济学等科目,1898年改革为经学、史学、舆地、算学等四门。除传统的经学与史学以外,还学习西学。①

如此课程安排,正是基于张之洞的中体西用论。其在《劝学篇》中论述道:"中学为内学,西学为外学;中学治身心,西学应世事"(《会通》篇),"今欲强中国,存中学,则不得不讲西学。然不先以中学固其根柢,端其识趣,则强者为乱首,弱者为人奴"(《循序》篇)。他认为需以中国的学问锻炼精神,对于西洋的学问则择其有益者而学之。为了培养陆军军官,张之洞还向日本的成城学校,以及德国和英国等地派遣留学生等,这也同样基于此种观点。可知中体西用论即使到了19世纪末期,仍然根深蒂固。

中体西用的理论与现实

中体西用论,可以说是有一种有选择性地接受西洋文明的理论。认为只要坚守中国精神,吸收西洋文明也无妨。但在实际上,中体西用论具有接受与拒绝的双向作用。何为中国精神?对其认识如何?根据不同的理解,该理论的作用也或为积极或为消极。

例如曾纪泽(1839—1890),为洋务派高官曾国藩的长子,从1878年至1885年曾赴英国、法国等地任外交官。对于吸收西洋文化,曾纪泽抵触感较少。在伦敦的某日,他曾提及过西洋文化与中国文化的类似性(光绪五年二月二十三日条)。其友人认为,西洋的政教与

① 前揭《中国近代教育大事记》。

中国的《周礼》暗合之处颇多，或是因为周代老子西行，将周文化传到了西方。曾纪泽赞同此说，答曰，西洋昔为野蛮人，文学及政治的方式或来自亚洲，因此，风俗及人物与中国上古之世相近。见今日之西洋，则可知上古之中华。看今日之中华，则可知未来西洋成熟之结果，与昔日中国同样，当为废精巧而务朴拙①。曾认为西洋文化起源于中国，因此也可接受西洋的技术。将中国文化传至西洋的老子，为道家传说中的思想家。道家为诸子百家之一。曾纪泽的观点，可称为从东汉末期至六朝时期流行的"老子化胡说"的变形。在初入中国之际，佛教思想被认为与道家思想类似，原因则在于老子去周西行，将其思想传入了印度。因此佛教本起源于中国。老子西行的故事，见于《史记·老子传》，而用道家思想来理解佛教，并将其正当化的理论便是"化胡说"。即使到了19世纪，这种理论仍然在起作用。文化的记忆极为浓厚。尽管如此，曾纪泽还是以中国为根本来接受西洋的。

但是，中体西用论有时也起到与此相反的作用。它认为，中国所以为中国，只有求诸"三纲五常"，对于西洋只能够有选择地接受。所谓"三纲五常"，是将对君主及父亲、丈夫的恭顺服从的关系看作社会的根本伦理。古来即有"君为臣纲，父为子纲，夫为妻纲"(《白虎通·三纲六纪》)之说，被认为是从天之道。臣下理应对君主恭顺服从，孩子恭顺父亲，妻子恭顺丈夫也是自然之道。该观念将中国的本质求诸恭顺的社会关系，因此，西洋文化不得侵犯此传统秩序。张之洞认为："知君臣之纲，则民权之说不可行也；知父子之纲，则父子同罪、免

① 曾纪泽：《使西日记》，《小方壶斋舆地丛抄再续编》本。

丧废祀之说不可行也；知夫妇之纲，则男女平权之说不可行也。”（《劝学篇・明纲》）张之洞提出该学说之际，正是在对西洋文化的接受超越了自然科学领域，涉及政治社会思想领域，社会秩序开始受到震撼的时期。倡导平等以及民权，会被非难为邑里“儇子”（轻薄而自作聪明之人）的作为。①中国的文化同一性（indentity）存在于恭顺的社会关系之中，从异质文化中将来之物，除不相抵触的技术类以外，政治及伦理等思想领域皆会产生抗拒反应。总之，中体西用论在西洋文化的接受及抵触两个方面均会产生作用。

中体西用论，常被认为与日本幕府末期的佐久间象山（1811—1864）所提倡的和魂洋才论相似。因为两者在通过和魂—中体、洋才—西用的理论构成，来学习西洋的技术这一点上的确相似。佐久间象山所谓“东洋道德，西洋艺术，精粗无遗，表里兼该，因以泽民物，报国恩，五乐也”（《省諐录》），是为和魂洋才论。

但是，和魂与中体的内容，怎么看也都性质不同。象山所谓的和魂即使是指“东洋道德”，其是否俨然具有如中国一样的恭顺秩序的日常伦理？日本古代已有“和魂洋才”的成语。此意味着“大和魂”，是指处世的手腕以及灵活的常识性判断，尚未拔高至成为指导全部生活的精神原理。②而且，近代国学的“大和心”也是指自然纯朴的心情，无论象山如何以朱子学的方式来论述，“东洋道德”的内容，毕竟是在日本文化的脉络之中进行理解，只是为了对应西洋而作“东洋”

---

①　拙稿《『勧学篇』と『翼教叢編』—清末の保守主義について—》，《中国哲学史の展望と模索》，创文社 1976 年版。又《清末の保守主義—その世界像の解体—》，《待兼山論叢》第 10 号，1977 年。

②　斎藤正二：《やまとごころの文化史》，《斎藤正二著作選集》（六），八坂書房 2001 年版。

而已，极为暧昧不清。“东洋道德”的内容，比之中国而言，更为笼统，是否在日常生活当中也贯彻恭顺的伦理极为可疑。众所周知，佐久间象山本身作为技术人员制作西洋的机器，于象山而言，和魂与洋才浑然一体。而在中国，无论是冯桂芬抑或张之洞，均非技术人员。作为士人，他们探索适合中国社会学习西洋技术的理论，最终提出不可丢失传统伦理。因为中体西用论将社会秩序当作了现实的基础，所以促进了西洋近代思想的接受。不过，当平等以及民权的观念开始威胁到现实的秩序以后，中体西用论便开始对其进行抗拒以保卫现状。但是，西洋近代思想的接受终于越过了这一红线。最终正如章太炎所看到的一样，在与西洋的思想斗争中，中国本身得到了重生。

总之，若提及西洋近代思想的接受，在近代的中国，日本起到了极大的作用。那么，究竟日本是如何被认识与评价的？以下，便通过分析以日本为媒介接受西洋之前期阶段，来认识章太炎通过明治思潮摄取西洋近代思想的历史背景。

第二节　从知识方面接近日本

开始关注日本

以中国在甲午战争的失败为契机，从 19 世纪末期以后，日本开始对中国的发展起到巨大的推动作用。中国开始重视日本的存在，可以说是在近两千年的中日交流史中的一件大事。因为迄今为止，文化一直是从中国流向日本，而此时，则开始从日本流向中国。

甲午战争之前，中国对日本缺乏关心。例如，江户时代末期的日本人为了解世界形势而常读的魏源的《海国图志》，初出的五十卷本（1842 年）中并无有关日本的记述，至百卷本（1852 年）方才收录进来。在此十年间，日本开始加入到世界形势的一角。但是，对中国而言，日本还是一个遥远的存在。例如前述的冯桂芬，提及日本开国缔结条约，在条约得到批准以后，乘坐火轮船遍历西洋，报聘诸国（1860年），对此他认为“日本蕞尔国耳，尚知发愤为雄”（《校邠庐抗议・制洋器议》）。但其对于日本的新信息，也仅是出于对中国闭塞的现状的危机感而顺便提及，而日本本身并未成为其关心的对象。

当时对于日本的认识，与后代相比尚不完整，或只将重心置于政治一面。例如，负责交涉缔结中日条约（1871年）的洋务派李鸿章，其日本观主要集中在日本的自强以及产业化、留学生派遣等方面，以及在朝鲜问题上感到日本的威胁①等。所关心的内容，并不在废除封建制度及树立立宪国家等根本的体制问题方面。即使所谓对政治的关心，也与后述康有为的关心有本质的区别。

清国公使馆于1877年开设于东京，何如璋（1838—1891）为首任驻日公使。即使是何如璋，也仅是略述日本的历史以及明治维新以降的官制、兵制、学校、国计、地理等。例如对于明治维新，何如璋认为，前代尊卑有别，但通过维新，易服色，改革礼仪制度，使实质胜过文饰。另外，还以皇室为中心，废除封建制，改为郡县制，使数百年积弊渐除。以及，最近喜模仿西洋风俗，上至官府，下至学校，大凡制度、器物、语言、文字皆以西洋为模范等。②他虽然对日本及明治维新颇为关心，但是也仅限于表面现象而已。

---

① 佐々木扬：《清末中国における日本観と西洋観》第一章，东京大学出版会2000年版。

② 何如璋：《使东述略》，收入《早期日本游记五种》，湖南人民出版社1983年版。

关注范围的扩大

不过，在同一时期，对日本的关注也在逐步深化，例如，张德彝(1847—1919)的日本观。张作为总理各国事务衙门于1862年创设的同文馆的首期学生，先后作为翻译数渡欧美。1868年，张在经由横滨赴欧美时，在船上曾与日本人交流。当时，他一面震惊于“汉化”(中国文化的影响)远及边境(日本)，一面言及日本人的服饰及礼仪做法、发型、已婚妇女的风俗、日本无科举而有身分制度、祭礼、货币、器物以及刀剑、房屋构造、无偷盗之人的良好的治安环境、女子店头值班的商店景象等。此外还言及日本的国字(平假名及片假名)以及汉文训读等，虽受到“汉化”，但与中国古典的读法相异，如“孟子见梁惠王”一句，日本人按照“孟子—梁惠王—见”的语顺阅读等，还具体举出训读法的例子进行了说明。①其所关注的领域，第一次扩展到社会文化方面。

其时也出现了有关日本的专著。黄遵宪《日本国志》四十卷(1887年)便是代表之作。②黄遵宪(1848—1905)曾作为驻日公使馆参赞随何如璋赴日，随后，花费了八九年时间来完成该书。该书后被称为“奇作”(薛福成《日本国志·序》)。薛福成之所以称其为“奇

---

① 张德彝:《航海再述奇》，湖南人民出版社1987年版。张德彝留有八种海外纪行，从1866年初赴海外至1902年到1906年(出使英国大臣)。

② 该时期与日本有关的著作，除黄遵宪之作以外，还有陈其元《日本近事记》(1874)、王韬《扶桑游记》(1879)、姚文栋编《日本地理兵要》(1884)、顾厚焜《日本新政考》(1888)、傅云龙编《日本游历图经》(1889)等。《日本游历图经》与《日本国志》一起，被评价为当时日本研究的最高水准。日本有关事项，分为天文、地理、河渠、国纪、风俗、食货、考工、兵制、职官、外交、政事、文学、艺文、金石、文征等十五门，与《日本国志》相比，在《日本金石志》、《日本文征》等方面富有特征。另外，在实藤惠秀《明治日支文化交涉》(光风馆1943年版)中，也提及了明治前期的日本观念。

作”，大概是因为，从中国而言，一则与日本断交已久，又加之倭寇以及出兵朝鲜等的影响，所以对日本多厌恶之情。对于一个将来不知是仇敌还是友邦的邻国，黄遵宪竟然从200多部书籍中搜集大量资料，花费巨大的精力与漫长的时间，终于完成该书。在薛撰写序文的1894年，即使是以作为西洋通的外交官来看，日本也没有受到太多的关注。但是，黄遵宪在《日本国志》的自序中，自比作《周礼》中的小行人（作为使者出使四方，并向王报告当地的礼俗与政治等）或外史氏（掌四方之志）等，认为中国有关日本的记述甚少，虽为邻国但在心理上却相隔甚远。这也成为其著述的动机。黄遵宪认为，日本的史书中并无中国式的书、志，因此虽然在采辑、编纂、校雠（文献批判）三方面有困难，但还是详细搜集了明治维新以后的社会、经济、教育、军事等方面的数据。在记述方面，并未采取传统的《春秋》笔削的手法，以“皇”、“帝”等君主的名称为首，官名、事名、物名、编年法、历程记录法等，均原样使用日本的名称，并未以中国为标准进行叙述。不以中国为标准叙述异国，或是因为当时中华意识已经开始相对化。至此，便诞生了由国统志、邻交志、天文志、地理志、职官志、食货志、兵志、刑法志、学术志、礼俗志、物产志、工艺志等组成的《日本国志》。

对日本认识的转变

就这样，对日本的关注逐步产生，但对于近代中国来说，对日本认识的巨大转变，还在甲午战争以降。败于小国日本使亡国的危机感扩散，这才迫使人们的视线开始转向日本。康有为模仿日本提倡实行“变法”，将专制君主制改革为立宪君主制，在有名的“公车上书”（1895年5月2日）中，反对割让台湾，认为割让将使民心离反使中国分崩离析,有亡国之惧。中国的变法运动,开始得到一般士人及官僚们的支持。康有为模仿日本模式进行变法,如在变法的最终阶段开设国会制定宪法,在之前的阶段则设置制度局使优秀的人才进行公议①,以及为培养国民而制定教育制度②等。随后,还开始向日本派遣留学生,翻译日本书籍等。

康有为认为,翻译日本书籍的好处有二,一、同文(均使用汉字)易学;二、因日本已将欧美的重要书籍悉数翻译,所以可以省却从原文从头翻译之劳。在派遣留学生方面,也具有(1)地理上近便、(2)派遣费用较低、(3)同文易于速修等优点。③其弟子梁启超(1873—1929)也认为日语具有易学的特点。因日语中汉字占七八成之多,日语的语法构造也简单易学,数日可小成,数月即可大成。④不仅康有为及梁启超如此认识,洋务派高官张之洞也认为,“至各种西学书之要者,日本皆已译之,我取径于东洋,力省效速”(《劝学篇·广译》),在向日本派遣留学生方面,也与康有为所述雷同(《劝学篇·游学》)。

如此对日本认识的转变也体现在清朝政府的政策当中,如中国各地开始兴建日语学校、⑤留学生大举赴日留学等。其结果是,日本书籍得到广泛阅读,并纷纷被翻译为中文。

---

① 山根幸夫:《戊戌变法と日本—康有為の〈明治維新〉把握を中心にして—》,《論集近代中国と日本》,山川出版社 1976 年版。

② 康有为:《请开学校折》(1898 年 6、7 月)。汤志钧编:《康有为政论集》上册,中华书局 1981 年版。

③ 康有为:《请广译日本书派游学折》(1898 年 6 月),《康有为政论集》上册。

④ 《论日本文之益》,《清议报》第 10 册,1899 年。

⑤ 上海东文学社(1897)、福州东文学堂(1898)、杭州日文学堂(1898)、泉州彰化学堂(1899)、天津东文学堂(1899)、厦门东亚学院(1900)、北京东文学社(1901)等。

日本书籍与中国近代的思想家

在如此的历史背景之下，中国近代的思想家，几乎均通过日本书籍来吸取西洋近代思想。康有为曾在其《进呈日本明治变政考序》(1898 年 1 月)中回想道，自己在十七八岁时托与日本通商的同乡商人购买了日本书籍。一读之后，曾惊讶于日本变政的勇猛以及效果的显著。[①]于是花费十年岁月写成了《日本变政考》，当时搜集的参考书籍一览后成为《日本书目志》(1896 年)。[②]从《日本书目志》中，也可见其对日本书籍的关注度之高。

该书收载了 15 门、249 类、7 724 种日本书籍的相关记述。其份量极巨，除自然科学及实业相关书籍以外，还包含有教育及宗教等在洋务运动时期吸收西洋文化之际未见的领域。例如在理学门中，除理化学、天文学、气象学等自然科学以外，还含有人文学领域的哲学、论理学、心理学、伦理学等。因为在中国，传统上将“理”理解为自然与人类的通则。在哲学类中，列举了末松兼澄(1855—1920)《哲学一班》、井上圆了(1858—1919)《哲学要领》、三宅雄二郎(1860—1945)《哲学涓滴》、中江笃介(1847—1901)《理学沿革史》、有贺长雄(1860—1921)《国家哲论》等 22 种，在心理学类方面，则收入了元良勇次郎(1858—1912)《心理学》、井上圆了《通信教授心理学》、有贺长雄讲述《教育适用心理学》、井上哲次郎(1855—1944)《心理新说》等 25 种。但是，在理解方面，康有为时有讹误。比如他认为心理学乃我孔子旧学，明末常倡心学故多气节等，将西洋的心理学混

---

① 《康有为政论集》上册。

② 蒋贵麟主编:《康南海先生遗著遗刊》十一，宏业书局。

同于中国的心学，将国家与社会的不同仅理解为集团的大小等。对于西洋的学问，尚未理解周全。但是，需要注意的一点是，以甲午战争为契机，中国的士人们终于透过日本书籍开始注目于西洋近代思想。

在民间的知识分子中，如在历史学领域取得卓越成果的王国维(1877—1927)也对日本比较关注。除日语之外，王还通过英语汲取西洋近代思想，不过引发他对西洋近代的兴趣的却是日本书籍。据其《静安文集》自序称，正是通过田冈岭云(1870—1912)的文集(《岭云摇曳》,《第二岭云摇曳》,均刊行于明治三十二年即1899年)，才开始对康德以及叔本华感兴趣的。明治时期，《岭云摇曳》与《第二岭云摇曳》一共销售了1万部，成为了当时的畅销书。在《呜呼新年》等文章中，岭云借庄子与叔本华论述了厌世的人生观以及物质文明的弊害等当时的问题(《岭云摇曳》)。最早将叔本华以及尼采介绍给中国的是王国维①，其背景与明治三十年代厌世观的流行有关。如后所述，厌世观对章太炎的思想影响极大。

革命家也同样在阅读日本书籍。例如辛亥革命的指导者宋教仁(1882—1913)在日记《我之历史》中，提到哲学方面的书，以远藤隆吉(1874—1946)《虚无恬淡主义》及《心理学讲义》、冯·基尔希曼(Julius Hermann von Kirchmann, 1802—1884)著藤井健治郎(1872—1931)译《哲学汎论》、朝永三十郎(1871—1951)《哲学纲要》、河上肇(1879—1946)《无我爱的真理》、井上圆了《哲学要领》、服部宇

① 拙稿《初期王国維と諸子学—鳥瞰する眼—》,《京都産業大学論集》(人文科学系列)第29号，2002年。

之吉(1867—1939)《心理学》等为首。他购买并阅读了大量日本书籍,对《哲学要领》及《心理学讲义》等,还认真地作了笔记。①此类日本书籍,成为近代知识分子吸收西洋知识的便利手段,他们正是通过大量的日本书籍接受了西洋近代思想。

日本书籍的历史性地位

对日本的关注程度,也表现在日本书及中国书的翻译量上。由表1与表2可知,中文翻译的日本书与日文翻译的中国书的关系,以1895年为界线发生逆转,中文翻译的日本书的量开始急速增长。从1660年至1895年的约二百数十年间,中文翻译的日本书不过12种,而日文翻译的中国书为129种,为中文翻译的日本书的十倍。然而以甲午战争为界,至辛亥革命(1911年)的16年间,中文翻译的日本书增加至958种,而日文翻译的中国书仅有16种,其比约60倍。而从1912年至1945年之间,中文翻译的日本书为1 899种,增加到辛亥前的约2倍,翻译日本书的倾向更为显著。②文化极为明显地从日本开始流向中国。这是迄今未见的一种现象。文化一向是从中国流向日本,现在其流向发生了改变。并且,所翻译的日本书的领域,除自然科学以外,还扩展到以社会科学为主的哲学及宗教领域。洋务运动时期,翻译西洋书以自然科学为主,至此,开始涉及文化领域。中国思想在传统上一直以政治及伦理为中心。求知于西洋的社会科学以及哲学,可以说是暗中为中国思想的相对化创造了一个契机。

---

① 《我之历史》,桃源三育乙种纍学校本,文星书店1962年版。

② 谭汝谦:《中日之间译书事业的过去、现在与未来》及所载统计表。实藤惠秀监修、谭汝谦主编、小川博编辑:《中国译日本书综合目录》,香港中文大学出版社1980年版。

表 1　中文翻译的日本书统计

时　　期	种　类	比　例
1660—1867	4	0.14%
1868—1895	8	0.28%
1896—1911	958	33.39%
1912—1945	1 899	66.19%
合　　计	2 869	100%

表 2　日文翻译的中国书统计

期　　间	种　类	比　例
1660—1867	109	7.01%
1868—1895	20	1.29%
1896—1911	16	1.03%
1912—1945	1 410	90.67%
合　计	1 555	100%

据谭汝谦:《中日之间译书事业的过去、现在与未来》,《中国译日本书综合目录》,香港中文大学出版社。

译书目录中的日本书籍

对西洋文明摄取范围的扩大,可以从当时出版的译书目录的分类及收载书目的变迁上得知。翻译扩展到社会、人文领域,也使这些领域得以进一步细化。对于西洋文化的关心进一步扩大开来。例如王韬(1828—1897)在《泰西著述考》(1890 年)中,列举了明末清初来华传教士的活动地点及著书等,收录书目的内容主要为基督教以及天文历法等,而并无日本书及哲学类书籍。①基督教及天文等是清末

① 《近代译书目》,北京图书馆出版社 2003 年版。

的知识分子首先想到的西洋的学问。书中并未对书籍进行详细分类,或是因为书籍的领域较小也较为明确。

即使是梁启超的《西学书目表》(1896 年),[1]其书籍分类也仅有西学、西政、杂类等 3 门,收录的书籍,以上海制造局本及益智书会本、广学会本、同文馆本、税务司本等洋务运动期间的文本较多。日本的相关书籍,在史志类中,有冈本监辅(1839—1904)《万国史记》、冈千仞(1833—1914)《米利坚志》,在附卷的地志类中,有黄遵宪《日本国志》及《日本杂事诗》、傅云龙《日本图经》、姚文栋《日本地理兵要》、顾厚焜《日本新政考》,游记类中有王韬《扶桑游记》等,仅此而已。在当时,所谓“西学”,首先为自然科学,所谓“西政”,其内容则为官制、学制、农政、矿政等,以行政方面为主。政治思想尚未成为一个问题,精神领域更是无从谈起。对哲学领域及日本书不感兴趣也是理所当然。所谓日本书,也仅为日本整体的概论。

康有为《日本书目志》(1896 年)的状况如上所述,至徐维则《东西学书录》(1899 年),[2]项目分类更为细致,收录书籍也逐步增多。按照自然、社会、人文 3 个领域分为 21 门,共收录了 561 种相关书籍。与《西学书目表》的 350 种相比,大幅增加。后至《增版东西学录》(1902 年),更增加至 936 种,数量翻倍。在增补的书目中,以日本书籍或欧美书的日语译本重译居多。

进入 20 世纪以后,在顾燮光《译书经眼录》(1934 年)[3]中,日本书的中文翻译本极多。该书分为史志、法政、学校、交涉、兵制、商务、

① 质学会用时务报馆本重校付刊。

② 光绪二十五年三月局印本。

③ 《近代译书目》所收。

博物学、哲理、宗教等 25 门。例如将哲理门又进一步分为哲理、社会学、论理学三科，包含中江笃介《理学钩玄》、元良勇次郎《伦理学》、井上圆了《哲学原理》、科培尔(Raphael von Koeber，1848—1923)著下田次郎述《哲学要领》、井上圆了《哲学要领》、有贺长雄《社会进化论》、岸本能武太(1866—1928)著章太炎译《社会学》、高山林次郎(1871—1902)著《论理学》等，共计 34 种书籍被翻译成了中文，其中 24 种译自日本书籍。由此可知，日本书籍所起到的作用之大。

清末，西洋的学问与思想的分类项目有所增加，是因为从甲午战争之后，需求广泛增加所致。学西洋之学不如译日语书，这与以低成本快速培养近代化所需人才的中国的状况有密切的关系。章太炎从日本书籍中吸取西洋近代思想，也正是以此状况为背景的。

第一章　章太炎与明治思潮

——向西洋近代思想接近

前　言

为何提及章太炎?

在序章中,概观了近代中国强烈的中华意识及日本观。因为中华意识的阻碍,即使是在精神领域,中国的士大夫也难以接受西洋文化。这与日本接受西洋文化的状况无法相比。那么,探索章太炎与日本明治思潮的关系究竟有何意义?以下便从其作为民族主义者与作为清朝考证学大家这两点进行分析。

章太炎的民族主义,在政治方面提倡"排满"主义的革命论,在文化方面则指导国学。所谓国学,是指综合中国的传统学术,构筑中国的文化同一性(indentity)的文化运动。其民族主义色彩十分强烈,几乎无法设想其会受到西洋近代思想以及明治思潮的影响。而且,他作为清朝考证学的大家成果丰硕,当时被称为"国学大师"。然而学习西洋近代思想的成果,在其文章中并不十分显著,倒是在佛教观念以及中国古典修养方面比较明显。但实际上,章太炎积极吸取了西洋近代思想。在其主要著作《齐物论释》中,尽管运用中国古典研究的技法,使佛教与庄子相结合,但却是在与西洋近代哲学和思想的不断格斗中展开自己的哲学。可以说,西洋近代思想对于章太炎的思想形成不可或缺。

提及章太炎,迄今均是将其当作传统学术的大家以及民族主义者的层面上,围绕其学术思想及政治思想展开研究。即,在中国封闭的知识体系中对其进行考察。但是,与西洋近代思想的关系在章太炎的思想形成中必不可少,则意味着要从世界知识环境中对其进行重新考察。当时,中国的知识分子以及留学生,是通过明治日本而并非直接吸收西洋近代思想的,所以更无法忽视世界知识环境。当然,于章太炎亦然。

不过对章太炎来说,身为民族主义的考证学者,即便吸收了西洋近代思想,随后也会对其进行批判。可以说,其思想轨迹,正是中国思想在开放的知识体系中一面自我相对化一面进行重生的一个典型事例。

因此,在本章中,首先考察章太炎向西洋近代思想的靠近(第一节),其次是章太炎对于西洋近代思想的曲折的意识(第二节),最后,是他与宗教学者姉崎正治的思想关系(第三节)。沿着其思想的轨迹,来审视中国思想自我变革重生的一端。

斟酌概念——接受异文化的首要条件

章太炎在《齐物论释》中,将道家思想家庄子的概念,与佛教的唯识学及康德、叔本华等西洋近代哲学加以对比(第三章)。所谓唯识,是指表象皆为“识”(心的本体)所变现的佛教的观点。中国思想、佛教思想、西洋近代思想等三者在章太炎处汇聚一堂。这种情况,在日本无论如何也不会发生。曾在东北大学教授哲学的卡尔·洛维特(Karl Löwith, 1897—1973),通过自己的亲身体验,描述了日本不可思议的一点,即不会产生思想上的对抗。

> 他们(日本人)将欧洲的概念,比如“意志”或“自由”或“精神”,对应于自己本来的生活、思维、语言,至于与其发生龃龉之处,则既不严加区别也不进行比较。即不会自在(an sich)地对他者进行自为(für sich)学习。阅读到欧洲哲学家的文本,却将该哲学家的概念以其本来的异国之相,不与自己本身的概念相对应,一切似乎理所当然。(重点号为笔者所加)因此,完全不会有将该异物变为己物的冲动。……恰似住在上下层的楼房中,楼下按照日本方式进行思考或感受,而楼上则一连串地排列着从柏拉图(Plato,约公元前427—公元前347年)至海德格尔(Martin Heidegger, 1889—1976)的欧洲学问。①

洛维特认为,若将西洋思想作为文化而用为己有,则有必要对自他的概念进行斟酌。若无法分清西洋的概念与本国的概念何处相同何处相异,则思想不会变为己有。如后所述,章太炎最初对西洋近代思想进行摄取,而随后又转为批判,该过程,可以说正是消化异文化的一个过程。从摄取到对抗,其态度的转变,与其说是政治立场的变化,不如认为是对概念进行对比和斟酌后的结果。章太炎的民族主义者的立场,基本上贯彻始终。中国丰富的精神世界自成体系,因

① 《ヨーロッパのニヒリズム》附《日本の読者に与える跋》,日本筑摩书房。

此，不可避免地要区分自他的异同。通过这个过程，章太炎形成了自己的哲学，而此时，中国的古典解释学有效地发挥了作用（第三章）。

章太炎的略传与著作

章太炎（1869—1936），浙江省余杭人，字枚叔，号太炎。其思想构筑在学问与政治的平衡点之上。其学问为考证学，政治则属于民族主义。

章太炎在中国古典学方面，主修经学、史学、小学等。所谓经学，即指儒家经典的解释学。在经学方面，章太炎尤尊《春秋左传》，撰有《春秋左传读》及《春秋左氏疑义答问》等。小学，指作为中国古典基础的传统语言学，以音韵、训诂、文字为研究对象。在小学方面，章太炎留有如《新方言》、《文始》等在学术史上有影响的著作。所谓史学，除历史以外，还对制度及文物等进行历史性研究。章太炎认为儒教经典皆为历史（六经皆史说）。此外，还有诸子学。在清末，诸子百家研究的复活已有百年，研究方法也从以前的以训诂为主变为思想内容的探讨。[①]章太炎的《訄书》、《齐物论释》等，作为清末诸子学的代表，曾被近代的学者胡适赞为“空前之著作”。章太炎的学问，以考证学为基础，属于与戴震—王念孙、王引之—俞樾相连的皖派系谱。考证学在学问的态度上以实事求是为贵，在儒教当中也是属于政治性较弱的学派，所以章太炎身为考证学者而参与政治，当然是个人的资质所致，同时也反映了清末的时代特征。

---

① 拙稿《清末の諸子学—座標としての伝統学術—》，《京都産業大学日本文化研究所紀要》第3号，1997年。

章太炎的主要著作及出版年次表

<table>
<tr><td rowspan="3">《訄书》(初刻本)
《訄书》(重订本)
(重订本初版重印)
(重订本再版)</td><td rowspan="3">1900
1904
1905
1906</td><td>《文始》</td><td>1913</td></tr>
<tr><td>《检论》</td><td>1914</td></tr>
<tr><td>《章氏丛书》</td><td>1915</td></tr>
<tr><td>《国学讲习会略说》</td><td>1906</td><td>《菿汉微言》</td><td>1915</td></tr>
<tr><td>《新方言》</td><td>1909</td><td>《太炎最近文录》</td><td>1915</td></tr>
<tr><td>《国故论衡》</td><td>1910</td><td>《国学概论》</td><td>1922</td></tr>
<tr><td>《齐物论释》(初定本)</td><td>1910(成书)</td><td>《春秋左氏疑义答问》</td><td>1935</td></tr>
</table>

章太炎少年时期即有民族主义者的倾向。知清朝的文字狱而发愤,由甲午战争的败北而抱亡国之忧,遂加入变法自强运动。而其真正成为一名民族主义者,则要等到数年之后的1900年左右。后因对清廷改革的绝望而开始反清。又在爱国学社的机关报《苏报》上批判康有为,因文中辱骂光绪帝而被监禁三年。在狱中,章太炎接触了佛教书籍,也正是在这段时间里,其思想发生了转变。其思想的顶点,正是在其出狱以后,出任中国革命同盟会的机关报《民报》主笔的这段时间。在《民报》上刊载的诸论文,从新视角审视传统学术的《国故论衡》、借对《庄子·齐物论》进行注释展开自身哲学的《齐物论释》等,均为这一时期的成果。

辛亥革命后,章太炎从日本返回上海,期间与孙文意见对立,后又被袁世凯幽禁在北京(1914—1916)。1917年,就任于广州成立的护法军政府秘书长,1920年提倡联省自治、中央政府虚置论,提出类似联邦制的国家方案,以对应军阀割据的现状。本书开头与芥川龙之介的会见,也正是在这一时期。后又于1926年站在反共产主义的立场而组织了“反赤救国大联合”。也因此在其晚年,多被人批判为政治上的倒退。而同时，又在上海宣讲国学(1922 年 4—6 月)，著五卷《春秋左氏疑义答问》(1929—1930)，在苏州开设章氏国学讲习会(1935 年)，欲以国学的形式大成传统学术。

如此可见，章太炎至死都与政治及学问相关。一般在政治中，活着的人被不断催促以下决断，而该决断正确与否当时却无从得知，因此对他的评价尚需等到后代。所谓政治上的后退，也是从某一个历史观出发的评价。而以此为标准来贬低其思想的高度，绝非正确之举。在章太炎死后不久，其弟子鲁迅以“有学问的革命家”来评价昔日的老师(《且介亭杂文末编》)，该评价是重视其战斗性的善意的评价。

第一节　向西洋近代思想接近

章太炎与西洋近代思想

在序章中，概观了中国通过日本书籍接受西洋近代思想的历史背景。以如此社会潮流为背景，章太炎通过日本书籍接受了西洋近代思想。从与西洋近代思想的关系来看，其革命前的思想，可以分为肯定接受时期(以下称为《訄书》时期)与加强批判时期(以下称为《民报》时期)。对于肯定接受时期，向来不明所以。在本节中，将对章太炎是如何理解接受西洋近代思想的进行探讨。因为《訄书》是章太炎肯定西洋近代思想时期的主要著作，所以首先从该书进行分析。

章太炎以赴日为契机，开始阅读日本书籍。在变法运动受到挫折以后，除 1898 年 12 月以后滞留台北半年以外，从 1899 年 6 月至 8 月，从 1902 年 2 月至 7 月，以及从《苏报》事件(1903)入狱三年之后的 1906 年 6 月至 1911 年 11 月，章太炎一共三次赴日。其中从 1902 年至 1903 年左右，开始接触明治思潮，从日本书籍中大量吸取西洋近代思想，这一时期所吸收的思想成果直接反映在《訄书》（重订本）当中（《訄书》时期）。其后，因《苏报》事件入狱而接近佛教，思想发生了转变，在1906年以后（《民报》时期），虽依然对西洋近代思想积极吸收，但同时也开始出现了一些批判的色彩。这是因为章太炎欲以国学的形式对传统学术进行重编。因此，若从与西洋近代思想的关系的角度来看，其思想发展正表现出一条从吸收到对抗的轨迹。

但是，西洋近代思想在其思想的核心部分（例如民族主义及“自主”的思想等，容后详述），在理论概念的成型上仍然起到了重要的作用。当然在《訄书》中，也被积极地吸收引用。西洋近代思想，与章太炎的思想形成密切相关。

早期西洋知识的特征

章太炎对于西洋近代思想的学习，其实并非始于日本书籍。在更早时期，他就已经学习了自然科学方面的知识。从自然科学方面摄取西洋近代思想，正是中体西用论的主张（如前所述）。从此意义上，章太炎可谓是紧随时代的潮流。

章太炎在25岁之前，在考证学者阮元（1764—1849）创设的诂经精舍学习。当时，诂经精舍由俞樾（1821—1907）主持，章太炎从他那里学习了文献实证的方法。这一时期章太炎的读书笔记尚存，名为《膏兰室札记》。他以考证学的方法，涉及经义解释、历史、地理、天文历法、典章制度等内容，领域极为广泛。全书有474条，大部分为诸子学类，占到整体的66%。其中也用到了自然科学的知识，例如第432条，对《管子·五行》篇“昔黄帝以其缓急作立五声，……五曰黑钟隐其常”一句的考证中，章太炎借法家的著作《管子》，论述黄帝在使用钟时所用的律的技术，即为今日所谓的声学、光学、电学、化学、重学的起源。其证明的方法是通过对词语进行解释。即如,文中提及的"重心",即所谓"物立必立于重心,物动必行于重心线"上。此二字,早与西洋同名,乃重学之谓。所谓"灑光","灑"与"曬"同,从丽声。在《汉书·中山靖王传》中有"白日曬光",颜师古注为"曬,(暴也),舒也"。故"灑光"为"曬光",指光学的意思等。[①]章认为,古之圣王在制器用钟之际,用到了今日的自然科学。他运用了文献上的知识以证实这种观点。

如此,青年时期的章太炎,主要用自然科学的知识来论证古典,而非用于了解自然。因此,可以说其态度自然也是以古典至上的精神世界为前提的。这也是一种中体西用论,为了证明古典的正确性而运用了自然科学。当然,从历史的角度来看,古代的圣王无从知道自然科学,但在当时,章并未认识到这种观点的奇怪之处。

"菌"即人

当时,此类观点甚为根深蒂固,直到接触日本书籍之前。例如在《菌说》[②]中,章太炎欲证明,人的淫乐之情发于虚空,蒸成有形之菌的庄子之说[③],并非荒唐无稽之言。为此,他引用了英国医生礼敦根所著《人与微生物争战论》[④]及德国人罗伯·柯霍(Heinrich Hermann Robert Koch, 1843—1910)的论著。即认为,动植物皆有知觉,人的细胞、血球也有知觉。当微生物植入病菌时细胞则包围之,以无数的

---

① 《膏兰室札记》第432条,《章太炎全集》(一),上海人民出版社1982年版。

② 《菌说》,《清议报》第28—30册,1899年。

③ 《庄子·齐物论》中有"乐出虚,蒸成菌"。

④ 《人与微生物争战论》为1892年2月26日在上海文友辅仁会的演讲记录,由傅兰雅(江南制造局编译处编译)翻译并刊登在《格致汇编》1892年春季号,又重新收录在《格致丛书》(1898)《微生物理论》之中,为当时的新知识。

白血球消灭之。如此在人体内，好恶之物相互攻击。淫乐之情，产生致病的蛊(微生物)及菌(植物)，而人的志念，因被淫乐之情左右而受到极大影响。不过，根据古典《淮南子》，"若菌"指年轻人(《墬形训》)。古人称作"菌"，从《后汉书·南蛮西南夷列传》中也可以得到证明。之所以将人称作"菌"，是因为人必定始于精虫，而蛊(微生物)同于菌(植物)，两者并无区别。男女之情传于精虫，因为精虫有成人的志向，遂与卵子结合而受孕。即，精虫由本身的蛊惑产生了胚胎①，而并非是上帝造人。章太炎引用刚刚出版的西洋近代知识，对基督教神造人的理论进行了批判，以证实《庄子》等中国精神的正确。在中国，经常言及《菌说》以显示章太炎的唯物论立场，但如上所述，其引用自然科学的知识并非是为了了解自然本身，而是首先将其用作将古典正当化的论据。在《菌说》中，中国的精神世界才最为重要，而自然本身的意义只有退而居其次。

中体西用论是一种傲慢——章太炎的批判

但是另一方面，章太炎还如下文所述对中体西用论进行了批判。张自牧撰《瀛海论》②以后，中国了解了西洋的声学、光学、电学、化学等自然科学，认为其源流在周秦诸书。甚至有时认为，西洋技术的祖先均来自亚洲，此观点不过是一种傲慢与戏言。人类的智慧，并非东西南北皆为相同。即使有所相同，也仅为偶然的相应相合。凡他人之物皆发源于自己，此种观点仅会助长学者的虚

---

① 对于蛊惑与妊娠，章太炎根据《周易伏氏集解》的"蛊，惑也。万事从惑而起，故以蛊为事也"(《玉函山房辑佚书》)、《首楞严经》的"因诸爱染发起妄情，情积不休，能生爱水。是故心忆珍羞，口中水出。……心著行淫，男女二根，自然流液"等进行了论述。

② 本书为1884年左右的著作。著者张自牧对于采用西学从与中国古典的关联方面进行了肯定。小野川秀美：《清末政治思想研究》，第45页。

骄与自满。[1]如此，章太炎对自然科学本为中国古代的文物，后来传至西洋，因此可以接受的观点(参看序章)进行了批判。然而，与此批判几乎在同一时期，他又运用自然科学来补足中国古典精神的优越性也是事实(如前项)。在这一点上，自然科学的知识与其他的文献并无不同之处。自然科学并未改变章太炎的观念而使其思想跨出旧的框架。但是，至《訄书》后，他首先准备对西洋知识的内容本身进行了解。如此，中国的精神便开始了被相对化的进程。

《訄书》与日本书籍

《訄书》为章太炎的主要著作之一。“訄”字为“迫切”“急迫”之意。[2]《訄书》正是立足危机感对时代进行批判的一部书。但并非单纯地批判时局，而是通过其强烈的批判精神，在与变幻的政治之间的紧张关系中，从根本上对思想进行重新构筑。例如在《訄书》(重订本)的开头部分，有《原学》篇，即“何为学术”之意。其他还有《原人》《原变》《原教》等冠以“原”字的诸篇，是对人类、进化、宗教等展开的思索。除此以外，《訄书》中还有如诸子论(《订孔》《儒墨》等)、传统学术论(《王学》《清儒》等)、政治论(《序种姓》《平等难》等)、历史论(《尊史》《徵七略》等)等，论述极为广泛。章太炎还将本书比作东汉思想家仲长统(179—220)的《昌言》，颇为自负，[3]并数度改订出版。《訄书》先于1900年出版(即所谓的初刻本)，其后于1904年进行改订(重订本)，又进一步加以改定为《检论》(1914年)。其间，又对初刻

---

① 《变法箴言》，原载《经世报》第1号，1897年8月2日。今据汤志钧编：《章太炎政论选集》上册，中华书局1977年版。

② 《说文解字》三上。《说文解字注》曰：“今俗谓逼迫人有所为曰訄。”

③ 《瑞安孙先生哀辞》，《民报》第22号，1908年。

本以及重订本的文本加以修改。①《訄书》各个版本，分别反映了其思想在改革运动时期、革命运动时期以及辛亥以后等各个不同时期的变迁。

章太炎通过日本书籍吸收了西洋近代思想，是在其第二次来日期间(1902 年 2 月至 7 月)，因为在《訄书》(重订本)中，引用日本书籍的内容与分量均远远超过以前。所谓的初刻本与重订本，②在接受西洋近代思想的程度上明显不同。然而以往的研究只是指出了在重订本中章太炎转变为资产阶级民族民主革命的立场，并通过西洋近代思想对中国的封建主义进行了体系性的批判。③因为《訄书》多就古典立论，所以迄今无人对其中的日本书籍以及西洋近代思想加以关注，当然也未对日本书籍的版本目录的细节，以及西洋近代思想给予《訄书》的影响进行充分的考察。尽管在初刻本中直接言及的日本人及日本书，仅有冈本监辅，但在重订本中，除冈本以外，还有姊崎正治、远藤隆吉、桑木严翼、白河次郎、户水宽人、有贺长雄、武岛又次

① 从初刻本至重订本改写之际，产生了极大的变化。如《自定年谱》所言，1901 年、1902 年左右有了本质的发展，重订本中的日本书籍正反映了此点。

② 初刻本、重订本的名称，是根据《章太炎全集》(三)(上海人民出版社 1984 年版)。初刻本与重订本的成立过程，参看汤志钧：《从〈訄书〉修订看太炎的思想演变》(《文物》1975 年第 11 期)、《〈訄书〉修订和尊法反儒》(《文物》1976 年第 1 期)、《章太炎年谱长编》上册(中华书局 1979 年版)；朱维铮：《〈章太炎全集〉(三)前言》以及《〈訄书〉、〈检论〉三种结集过程考实》(《复旦学报》(社会科学版)1983 年第 1 期)。

③ 高田淳：《戊戌・庚子前後の章炳麟の思想》(《章炳麟・章士釗・魯迅》，龙溪书舍 1974 年版)；汤志钧前揭论文；李泽厚：《章太炎剖析》(《历史研究》1978 年第 3 期)；唐文权：《读章太炎〈訄书〉》(《思想战线》1975 年第 4 期)；唐文权、罗福惠：《章太炎思想研究》第二章(华中师范大学出版社 1986 年版)；姜义华：《〈訄书〉简论》(《复旦学报》(社会科学版)1982 年第 2 期)、《章太炎思想研究》第四章(上海人民出版社 1985 年版)等。另外，徐复《訄书详注》(上海古籍出版社 2000 年版)中，于音韵、训诂极为详细，在读《訄书》上必不可缺，但是在章太炎引用的日本书籍方面并不详细。

郎、涩江保等,人数大增。当时日本流行的拉古贝里(Albert Étienne Jean Baptiste Terrien de Lacouperie, 1845—1894)的中国西方起源说,也对章太炎的民族主义思想产生了影响。

那么,日本书籍及西洋近代思想,到底是如何影响章太炎思考方式的?

《訄书》(重订本)所引用的明治时期的日本书籍如下:冈本监辅著《万国史记》(1879 年,明治十二年),远藤隆吉著《支那哲学史》(1900 年,明治三十三年),白河次郎、国府种德合著《支那文明史》(1900 年,明治三十三年),吉丁斯(Franklin Henry Giddings, 1855—1931)著《社会学》(远藤隆吉译,1900 年,明治三十三年),有贺长雄著《宗教进化论》(1883 年,明治十六年)、《族制进化论》(1890 年,明治二十三年),岸本能武太著《社会学》(1900 年,明治三十三年),琼斯次罗姆(Fredrik Bjonstrom)著《催眠术》(1894 年,明治二十七年),户水宽人著《春秋时代楚国相续法》(1898 年,明治三十一年),赫伯特·斯宾塞尔(Herbert Spencer, 1820—1903)著《社会学之原理》(乘竹孝太郎译述,1885 年,明治十八年),涩江保著《希腊罗马文学史》(1891 年,明治二十四年),武岛又次郎著《修辞学》(1898 年,明治三十一年),韦斯特马克(Edward Westermarck, 1862—1939)著《婚姻进化论》(藤井宇平译,1896 年,明治二十九年),姊崎正治著《宗教学概论》(1900 年,明治三十三年)和《世印度宗教史》(1900)等(姊崎参看第三节)。章太炎所关心的,除有关中国哲学以外,还包括社会学、历史学、修辞学、文学、宗教学等,范围极为广泛。比起初刻本中的日本书籍,在内容上更为丰富多彩。

章太炎为了补充自身的理论而引用了以上这些书籍。现可知的所引部分有三十余处，或引用全文，或将文章大意译为汉语。①在此三十余处之中，初刻本中原有的仅 5 处而已。重订本中，通过日本书籍获知的西洋近代思想的知识，比初刻本增加约 8 倍。由此可知，章太炎广泛阅读日本书籍，贪婪地吸取着西洋近代思想。

而且，章太炎所引用的书籍，以明治三十年(1897 年)前后出版的新刊书籍较多。例如其所引用的梁启超撰《西学书目表》(1896 年)中，只收载有冈本监辅著《万国史记》。康有为撰《日本书目志》(1896 年)中，也只有有贺长雄著《宗教进化论》、《族制进化论》等。而《訄书》重订本所引用的姉崎正治著《宗教学概论》以及吉丁斯著《社会学》，白河、国府合著《支那文明史》，远藤隆吉著《支那哲学史》等，不仅为当时的新刊书籍，也均为具有崭新观点的书籍。例如吉丁斯著《社会学》为新的心理学性质的社会学，远藤译本刊行之后又被其他译者翻译，姉崎著《宗教学概论》则以当时流行的叔本华哲学作为理论基础。此外遠藤《支那哲学史》也是注目于思想及社会方面的崭新的著作。②

章太炎对外国书籍如此高度关注，在撰写《訄书》之前已经开始。最初为其 1897 年出任在上海创刊的《译书公会报》主笔之际，

---

① 拙稿《章炳麟〈訄书〉と明治思潮—西洋近代思想との関連で—》，《日本中国学会報》第 55 集，2003 年。

② 吉丁斯的著作中，出版的有《社会学提要》(市川源三译，普及社 1901 年版，明治三十四年)、《社会学》(警醒社书店编辑部译，元田作之进阅，警醒社 1906 年版，明治三十九年)。在《哲学雜誌》第 189 号(1902 年，明治三十五年)中，以“吉丁斯氏的通信”的形式详细介绍了哥伦比亚大学的社会学课程。姉崎《宗教学概论》与叔本华哲学的关系，参看同书第 11—12、60—61 页等。另外，有关远藤《支那哲学史》，参看町田三郎《远藤隆吉覚書》(《明治の漢学者たち》，研文出版 1998 年版)。有关远藤的社会学，参看阿闭吉男、内藤莞尔:《社会学史概説》，劲草书房，第 425—426 页。

翌年润译（对中文译文加以润色）斯宾塞尔著，曾广铨采译的《斯宾塞尔文集》，1902 年（明治三十五年），翻译日本岸本能武太著《社会学》。1901—1902 年左右，不仅润译外国书籍，还开始积极阅读日本书籍。①

日本书籍引用的方式

《訄书》重订本中所引的日本书籍，比初刻本大幅增加，内容更为广泛，内涵也更为深刻。

那么，究竟如何更为深刻？以下即从对日本书籍引用的方式来探讨。例如《订文（附：正名杂义）》一篇，为《訄书》中最为宏大的一篇论文，其中引用了涩江保著《希腊罗马文学史》。章太炎基于该书论述了西洋古代与中国在表现上的共通性。涩江认为，韵文先于散文，散文中历史先于哲学。章太炎也赞同该观点并模仿了涩江的论述。即韵文中史诗（叙事诗）先行，以下为乐诗（叙情诗），最后为舞诗（戏曲）。笔语（散文）在历史及哲学之前，演说则在其后，并将正史诗（押韵的叙事诗）、半乐诗（乐诗与史诗的混合）、牧歌、散行作话（无韵的小说）等八项，当作所谓史诗列举出来。章太炎认为西洋的事例也适用于中国，“吾征用西洋之形状，其顺序也相同”（“征之吾党，秩序亦同”）②。他认为，在文字形成之前，韵文便于吟咏易于记忆。因此，

① 在当时的信件中，章太炎提及读过《婚姻进化论》（《致吴君遂书七》，汤志钧编：《章太炎年谱长编》上册，光绪二八年四月二二日条）。《婚姻进化论》，早在《訄书・平等难》的增订部分就有所言及。《婚姻进化论》是被翻译为五国语言的畅销书，在出版的当时，婚姻的正当解释被认为是，“与社会的道德及国家的文明程度有关”（斯宾塞尔《社会学之原理》下卷末尾的广告，经济杂志社，1892 年，明治二十五年）。另外，在《致梁启超书》中（1902 年 7 月），也提到了对相关书籍的积极研读（《章太炎政论选集》上册）。

② 编者按：此语出自《检论・订文（附正名杂义）》。

在文字形成之前，中国也仅有史诗。至后代，尧舜时始有书籍。记载尧舜事迹的书即使押韵，也与诗不同。春秋时期以降，史书皆不押韵，哲学及演说皆以此为起源。如此章太炎参考西洋的事例对中国的古代文化进行了整理。

但是，自从章太炎为了重新寻求中国思想的意义而提倡国学以来，①对西洋的态度发生了转变。他开始完全不提及西洋的事例。例如在《国故论衡》(1910年)的《文学总略》篇中，对“文”与“笔”，即韵文与散文的概念进行了论述，但并未提及涩江的理论。②后来，在苏州星期国学讲习会的演讲记录《诸子略说·下》的名家一项中，涉及荀子与惠施等的论理学，但并无如《訄书》中“名家所著，为演说之法程”式的说明③，在同书的《文学略说》中即使论及“周秦以来文章之盛衰”，也并未参考西洋的事例。如此则可以明显看出，《訄书》重订本参考西洋近代的学问，并以其为标准对中国文化进行相对化的态度。

中国文化的相对化

章太炎对中国文化进行相对化的态度，并不仅限于文学，在对中国社会的理解上也可看出。例如在《序种姓·上》篇引用了图腾(讬德模)概念，这是基于吉丁斯著《社会学》；而图腾与原始民族的事例，

---

① 国学运动提出“发明国学，保存国粹”、“爱国保种、存学救世”的口号，并于1905年发刊机关报《国粹学报》。除章太炎以外，还有邓实、黄节、刘师培、王国维、陈去病、马叙伦等纷纷加入辩论阵营。

② 拙稿《章炳麟について—方法としての言語—》，《京都産業大学論集》(人文科学系列)第12号，1982年。

③ 《诸子略说·下》，章氏国学讲习会记录第八期，章氏国学讲习会出版，民国二十四年。

则来自有贺长雄著《宗教进化论》。引用的图腾事例——埃及人、阿拉伯(亚拉伯)人、圣加伦人(加伦民族)、达科他(达科佗)的妇女、排鸠亚尼民族、阿拉瓦克人(亚拉画科民族)等的事例,均翻译自有贺著《宗教进化论》的部分内容。在引用这些事例以后,章太炎称,"中国虽文明,古者母系未废,契之子姓自玄鳦名",将原始社会中图腾的事例与古代中国进行了比较,将中国母系制度的存在,放在世界的诸多事例之中进行了论证。通过这种中西的比较,增强了其议论的说服力。

有贺著《宗教进化论》由其《社会学》三卷(其他为《社会进化论》、《族制进化论》)中的一部分所构成,这部与自由民权运动相结合,在明治时期以社会学的名称出版的初期著作,是以斯宾塞学说为依据的。所谓自由民权运动,是于 1874 年前后发生的民主主义的运动,提出开设国会等要求。此外,吉丁斯的学说是日本明治时期替代斯宾塞开始流行的新的心理学性质的社会学。①可知章太炎是引用了当时的一般观点以及最新的知识来展开论述的。

如此,章太炎参考了最新的西洋知识,发现了中国文化及社会与世界诸文化的共同性。但是,也并非没有宣扬民族文化的固有性。如在《订文(附:正名杂义)》中,就对武岛又次郎《修辞学》中的说法提出了反论。武岛说对于古语的使用较为消极,因为与中国传统的修辞法相异。武岛认为,作为"善良的言语使用的三个首要条件",论述了现在所使用的,国民的、著名作家等使用的语言之

---

① 新明正道:《社会学史概説》,岩波书店,第 163—166 页。有关远藤隆古,参看阿闭吉男、内藤莞尔:《社会学史概説》,劲草书房,第 425—426 页。

后，又列举了与此相反的“三个罪过”，其一便是否定了废弃语、外来语、新造语三者的使用。武岛认为，废弃语久未使用，则其形其声逐步被人忘却，使用的机会也大为减少，因此不应该再加以使用。①武岛的文章短小平淡，仅从功能主义的角度对词语进行了分析。但是章太炎用了1 200余字严厉反驳了武岛的观点。他认为武岛所言在日本可能出现，但中国与日本情况相异，武岛说“尤鄙浅”。并反驳说，在中国，废弃语也可与新语一样使用，于文辞自不用说，若用于谣谚（韵文的一种，谣与谚），反而会成为优雅的表现。《匡谬正俗》及《方言》中所见诸例皆然。所谓废弃语可以与新语及外来语同样使用，乃是中国传统的言语观，实际上，旧的语言与新语并列的应用也极为普通。

章太炎对武岛的批判，也说明了日本与中国在语言观上的不同，是在根本上的相互对立。从民族性的观点来看，章太炎提出了民族文化的固有性。在时代思潮倾向西洋近代思想的情况下，章太炎自身也受到其影响启发，尽管如此，无法妥协的底线便是言语文化的问题。因为章太炎本来就是研究小学的学者，语言学造诣深厚。但是虽然有此类的反论，《訄书》重订本还是在总体上依据西洋近代思想的框架进行了论述。中国的文化与思想在与世界事例的对比中逐步被相对化。但在此并非是从自身的历史，而是通过西洋的智慧来谋求“中华”的立场，在这一点上，该立场产生了问题。

那么，在章太炎民族主义的面向上，《訄书》究竟是如何看待西洋近代思想的呢？

---

① 武岛又次郎：《修辞学》，博文馆1898年版（明治三十一年），第35—36页。

第二节 西洋近代思想的阴翳

章太炎与民族主义

所谓章太炎的民族主义，主要是指其“排满主义”，即打倒支配中国的满族清朝政府。因为清朝缺乏支配中国的正统性。其作为异族，将中国的利益卖与了外国。为了“排满”，章太炎于1904年与蔡元培及陶成章共组光复会，其誓词便是“光复汉族”。光复，为恢复中华的荣光之意。光复会于1905年，与革命团体兴中会、华兴会一度统合为中国革命同盟会，后于1910年恢复原称，由章太炎出任会长。“排满主义”，是理解章太炎思想的关键词语之一。

理解章太炎的“排满主义”，需要知道两点。第一为“排满”感情起源于少年时期，第二为“排满主义”在章太炎的哲学思想当中被相对化。其“排满”行动从1900年左右逐步表面化，但“排满”感情早有酝酿。在《自定年谱》中他回忆道，13岁时，读蒋良骐撰《东华录》，得知清朝文字狱而甚感不平（光绪六年之条）。问题是这种情感一直存在于其思想的根底，并非是表现在思想及行动的表层。[①]因为“排满”感情，是形成“排满主义”这一思想体系的心理基础，且难以接受理智的言论。这种感情扎根于少年时期的基本体验，最终会爆发出来。章出狱赴日，在留日学生的欢迎会上，便在演讲中回想少年时期阅读《东华录》的体验（《演说录》）。

---

① 该民族主义，先表现为亡国的危机感，并未表露出“排满主义”。本来在《苏报》笔祸事件入狱时，他接受《新闻报》采访时称，参加变法运动是“间接之革命”，与现在“直接之革命”的基本立场不变，存在有民族主义。见《狱中答新闻报》，《章太炎政论选集》上册。

但是，章太炎也并未在自身的哲学中将“排满主义”绝对化。例如，在《五无论》(1907年)中他对“排满主义”进行了如下的相对化。章站在佛教的立场，认为在历史的发展中，五种迷妄之物都将消亡。通过民族主义(“排满主义”)树立国民国家的政治目标，在巨大的历史潮流当中，因无政府主义的发展而相对化了。只要政府存在，民族间的斗争便不会消亡，因此政府必须消亡。此为“一无”。但是只要有聚落，便会发生争执产生政府，因此聚落也必须消亡(“二无”)。但是只要人类存在，杀伤争夺便不会停止，因此人类这一存在也必须消亡(“三无”)。因为人类是由无核原生物界的原生动物进化而来，所以如果不消除众生，人类终究会进化而来(“四无”)。物质世界看似实际存在，其实无非为人类的迷茫所产生，应该悟到世界并非实际存在(“五无”)。如此，《五无论》在论述的根柢上，具有关于人类存在的哲学，将民族主义、共和制、无政府主义等在历史当中进行了相对化(参看第二章第二节)。民族主义在此，不过是历史长河中的一道风景而已。在其哲学当中，“排满主义”已经被相对化。但是，因为章的“排满主义”在现实的政治运动中反应强烈，不断成为反对者批判的靶子，所以，他后来通过《定复仇之是非》、《排满平议》等文章辩明了自己的立场。

文化的记忆——民族主义与历史

根据人类学家本尼迪克特·安德森(Benedict Anderson，1936—2015)的意见，“国民”为一种想象中的政治共同体。[1]当宗教共同体及血缘共同体衰退后，取而代之的，便是一种以“我们中国人”

---

① 本尼迪克特·安德森(Benedict Richard O'Gorman Anderson，1936—2015)《想像の共同体》，NTT出版1997年版。

的方式，在心中产生出建立与其他人一体感的想象的共同体。“我们××人”的国民意识，对外基于主权划定的国家的边界线，对内则在心中描绘平等的同志之爱。以中国革命而言，有必要对中国的与非中国的进行划分。例如中国革命同盟会的《军政府宣言》(1906年)，提出要“驱除鞑虏、恢复中华、建立民国、平均地权”。中国革命同盟会，是在清末的革命运动中起到了巨大的作用的政治团体，章太炎以及孙文等皆参加其中。“驱除鞑虏、恢复中华”，是指赶走满洲，确立中华民族的文化同一性(indentity)，即，划定以汉族为中心的中国的主权为目标。如“建立民国”一般，是以平等的同志之爱为基础的。

章太炎在《演说录》中，为了形成“我们中国人”的感情，认为两点最为重要。第一，是用宗教发起信心，第二，是用国粹增进爱国的热肠。《建立宗教论》以及《人无我论》等文章，便是为了建立具有信念的主体而写的。此外，就提倡国粹而言，章认为，“只是要人爱惜我们汉种的历史”，就“历史”的内容举出三点：(1)语言文字，(2)典章制度(法令、礼乐、制度等)，(3)人物事迹。章所谓的“历史”，除过去的一系列事情以外，还广义地包括了语言，即将文化的记忆当作了“历史”。因为，作为历史性产物的语言，同时还会产生出“我们××人”的连带感，对创造想象的共同体有着巨大作用。章太炎写《驳中国用万国新语说》(《民报》第21号，1908年)，反驳了中国人应该抛弃汉字而使用世界语的论调，就是因为看出在语言当中具有创造中华文化同一性(indentity)的能力。他发明了成为注音字母前身的汉字的表音法(“记音字母”)，提倡汉字的速记法以及**国语教育**。因为如果文字及语言遭到废除，“欲绝其文字，杜其语言，令历史不燔烧而自断灭，斯民无感怀邦族之心”(《规新世纪》，《民报》第24号，1908年)。

并且,为了发掘国粹,他进行诸子研究,建立了传统语言关系的金字塔,又以新视点构思了历史。①发掘和爱惜文化记忆,是因为这是创造出“国民”连带感的手段。打倒满洲政权的“排满主义”与恢复中华荣光,是紧密结合在一起的。

夷狄与进化论

在中国论及民族主义时,华夷观成为一个问题。中国的民族主义,是划分出作为“中华”的自己与他人进行区别,所以即使提出民族的固有性质,又从何处划分与他人的边界线?从中国来看,包括西洋均为夷狄(野蛮人),以西洋为夷狄的判断自 19 世纪后半逐步相对化。但对于汉族而言,位于边缘地带的满洲依然为夷狄,而痛苦的现实却是他们是汉族的支配者。当议论涉及社会进化问题时,便有了夷狄是否进化的问题。

以下,便来考察章太炎的进化观念。

章太炎最初相信进化,并使用进化论的知识进行了议论。例如在第一节所言及的《菌说》(1899 年)的一节中,他以进化论述说,雌雄由“欲、恶、去、就”,而产生了生物的种子,进而发生变化,逐步变为异种。草木求光日久而成其构造。欲进化为其近似之物,其形也发生变化,则生出蜃蛤、水母。又求光明,进化为蜈蚣、蜘蛛等筋肢动物的昆虫,又逐步进化至脊椎动物。由鱼至鸟兽、猴等,最后变为人。章太炎认为进化的动因,在于“欲、恶、去、就”等离合集散的驱动力(其称之为“知”),进化之理正是《庄子·则阳》篇所谓的:“阴阳相照相盖

---

① 《国粹学报》中刊载论文的一部分,后在《国故论衡》《新方言》中加以总结。有关历史问题,参看拙稿《章炳麟の歴史叙述をめぐって》,《東方学》第 82 辑,1991 年。

相治，四时相代相生相杀，欲恶去就于是桥起，雌雄片合于是庸有。”庄子认为，阴阳二气相互作用自然运行，人的爱憎产生安全与和平，产生祸福。章太炎则将进化论附会于中国古典阴阳之理。但总之，在此需要注意的是，章太炎相信进化观念这一点。

《訄书》初刻本（1900年）也同样。例如在《原人》篇中，其论述道，“人之始，皆一尺之鳞也，化有蚤晚而部族殊，性有文犷而戎夏殊”。在《族制》篇中称，“夫自然之洮汰与人为之洮汰，优者必胜，而劣者必败”。章太炎在接触日本书籍之前，已经心存进化观念。当时，进化论的观念，不仅于章太炎如此，于变法派也是同样。康有为认为，夷狄进化也可成为“中华”，以进化为基准而论述了满汉不分。①但是于章太炎，则从进化论中发展了“排满”感情。

满洲是否进化？

如上所述，章太炎在西洋近代思想的框架之内对中国文化进行分析，认为在民族方面，汉族与西洋为同一祖先。但是，该观念却对其“排满主义”投下一丝阴影。他曾认为西洋及少数民族皆为夷狄，而现在满洲成为落后的夷狄，西洋却成为“中华”。可是虽然如此，“中华—夷狄”的框架却存而未变，仅将西洋抬升为“中华”而已。而且进一步考虑则会发现，因为汉族与西洋同为“中华”的根据乃是基于西洋近代思想，所以中国的种族性并不纯粹，而是略有微瑕。

以下来看《原人》篇中进化观念与“排满主义”的关联。本篇在《訄书》的初刻（1900年）及重订本（1904年）中均有收载，论旨也仍为

① 《答南北美洲诸华侨论中国只可行立宪不可行革命书》，《不幸而言中不听而国亡》所收，《康南海先生遗著遗刊》十六，宏业书局。

强烈主张"排满"。夷狄是否进化？章太炎反复强调，"民兽之不秩叙也久矣"，对中华与夷狄进行了区别。《原人》篇中所谓的"人"，为在"中华"的范畴内进行的，并非是指广泛的人类的存在。章认为，欧美在道德、智慧及技术等方面见长，为海外的"中华"，在亚洲则中国与日本为"礼义冠带之族"。朝鲜则是箕子自古为王的文教之国，印度、西域三十六国，皆大致有"顺理之性"，因此近于中国。但是北方的狄、东北的貉、南方的蛮闽、西方的羌，则"其化皆晚，其性皆犷……而不能予之华夏之名也"。三苗的末裔"尤犷愚无文理条贯"。猴子进化成了人类，但戎狄却未进化为"中华"。因为进化有早晚，本性有文明与野蛮。章将戎狄视为类似人类的"狌狌"（猴子的一种）及"狒狒"，蒙古族以及满洲，即使习得礼教同化为汉族，也是"虎而冠之，猿狙而衣之"而已。其通过民族区分"中华"与戎狄这一点，重订本的《原人》篇亦然。例如其中认为，

> 种性非文，九趚不曰人。种性文，虽以罪辜磔，亦人。

章太炎将"文"作为区分华夷的标准，所谓"文"，正如其文中所见，为"种性"（民族的本性）之"文"。对该文，章在注中指出，如《旧唐书·突厥传》所云，即使是边境的"种类"若奉教也会自然得到教化，"然虽进于戎狄，而部族与中国固殊云"。戎狄，无法通过后天习得文化而进化为"人"。"种性"非"文"，因此，边境之民无法成为"人"。华夷观中产生变化的，是将西洋与日本评为"中华"一点，而对满洲则未变。"中华—夷狄"的框架坚定不移。

如此，《原人》篇在初刻本及重订本中，均以"种性"这一绝对的先验的品位为标准，将满洲等与"人"进行了区别。在重订本中新加入的《序种姓上》篇中，也在论述民族的历史形成中，认为"淳维"

(匈奴)与“姜戎”(西戎之一),虽为圣王禹的诸侯,但后来窜为异族,所以非“人”,满洲虽然乘势盗得权力,但无论如何归化,也无法在规范上予以承认。[①]如上可知,只问“种性”,而不考虑社会进化及历史同化的事实,华夷的辨别始终具有政治性的,而非文化的特征(以下一项)。

但是,在1901年的《正仇满论》[②]中,“排满”的论调尚属理性。“排满”的根据并非“种性”,而是统治者的职能。他批判清朝官吏无能,不知政治也不分农商;批判光绪帝为无能力的皇帝等。根据职能为标准的批判可以进行客观的验证,可是先验性地对华夷进行区别,则满洲皆为夷狄而非“人”。因为是通过价值观来断定其为夷狄,所以无必要进行客观的检验。《訄书》则与《正仇满论》不同,运用了激烈的语言,正是因为其欲通过宣传来煽动传统的华夷观念的情绪。

本来近代民族主义,是推翻异族统治以建国为目标的思想体系,是不断的抵抗运动。[③]因此,如果打倒对象不明确,抵抗力量不会起作用。正因为要打倒满洲政府,所以章太炎将其等同“虫兽”而进行了攻击。在中国,语言在传统上是政治的有效工具,因此,《訄书》带有煽动性也是必然的。

而且,章太炎对于今后树立的国民国家(中华民国)的领土,也按照前汉(或明朝)的面积进行了构想。[④]本来国民国家是以“one

---

① 《序种姓上》篇,《章太炎全集》(以下略记为《全集》)(三),上海人民出版社1984年版,第172页。

② 《国民报》第4期,1901年。

③ 福田欢一:《民族问题の政治的文脈》,《民族とは何か》,岩波书店1988年版。

④ 《中华民国解》,《民报》第15号,1907年(《全集》(四),第254页)。

language, one nation, one state"为理念性的前提，并具有中等规模的版图，①章太炎保持了传统的天下世界观，即在承认多民族的前提下建设以汉族为中心的国家。清末的民族问题为与汉族的民族统一，特别是满洲的同化问题成为主要的论点，②章太炎了解多民族被历史性同化的事实，却未将满洲等看作这个国家的"nation"。这正是因为"排满主义"是恢复旧疆，从满洲手中夺回主权的一场政治运动。③对章太炎而言，承认异族的同化，仅限于主权在汉族手中的情况之下，在满洲的支配下，绝不会承认同化的历史事实。④《訄书》正是如此一部具有政治性的著作。虽然章太炎认为，自己的民族主义"始自汉种，至于群伦，又远推之及禽雀牲畜，无不以自护自族为当然"，⑤但是这却与政治战术相互矛盾。总而言之，在满洲支配的现实面前，社会进化的观念于章太炎，并未形成周边异民族向文明世界进步的理论，并未将传统的华夷观实现相对化。

中国人从何处来?

《訄书》从民族主义一点来看存在不纯之处。它乃是从与西洋同源来寻求汉族即为"中华"的根据，而并非是从中国自身的历史中来寻求。这种对于西洋的扭曲的观念，若从与日本明治思潮的磁场中考虑则更为明显。

---

① 福田，前揭论文。

② 佐藤丰:《清末における民族问题の一侧面》,《爱知教育大学研究报告》45，1996年。

③ 《排满平议》,《民报》第21号，1908年(《全集》(四)，第268—269页)。

④ 《中华民国解》,《全集》(四)，第255—256页。对于当时同化的观点，参看佐藤氏的前揭论文。

⑤ 《定复仇之是非》,《民报》第16号，1907年。

本来对于中国民族的起源，除西方起源说以外，还有各种各样的观点。根据对中国民族的多种概念规定，分别有埃及说、印度说、土耳其说、马来半岛说、新疆说，等等。[①]其中的中国西方起源说，为“科派利”（拉克伯里 Terrien de Lacouperie，1845—1894）在“Western Origin of the Early Chinese Civilization，1894”中所论述的理论。其为英国东洋学者，将古代中国与加尔特亚的共同性，通过①学术以及技术，②文字以及文学，③制度、政治以及宗教，④历史上的传说以及传奇这四点进行了考察。例如他在②中认为，《易》的八卦来自楔形文字，在④中认为，巴比伦的“福巴夫”相当于中国的伏羲，“萨尔宫”相当于中国的神农，“尼科黄特”相当于中国的黄帝，“苍格”相当于在中国创造了文字的仓颉。他列举了巴比伦与中国的类似点，在西方寻求中国人的起源。[②]该理论被日本人白河次郎、国府种德合著的《支那文明史》（1900年，明治三十三年）所介绍，并于1903年出版了三种中文译本。[③]章太炎认为，根据该理论，汉族出自巴比伦，与西洋民族同祖同源。当时，该理论甚为流行，革命家宋教仁以及孙文等也有言及。[④]

---

① 宋文炳：《支那民族史》（小口五郎译），大东出版社1944年版。

② 白河次郎、国府种德：《支那文明史》，博文馆1900年（明治三十三年）版，第28—68页。

③ 《中国译日本书综合目录》，香港中文大学出版社1980年版。

④ 蒋观云：《中国人种考》（《新民丛报》第35、37—43、46—48、53—60号，1903年8月至1905年1月）；公猛：《浙江文明之概观》（《浙江潮》第1期，1903年）；无朕：《十九世纪时欧西之泰东思想》（《浙江潮》第9期，1903年）。不过，这些均译自田冈岭云《十九世纪西洋に於ける东洋思想》（《东亚说林》2，1894年，明治二十七年），只在结论部分加入一些译者意见。中国人种西方起源说乃是田冈所言及的内容。刘师培《攘书·华夏篇》《思祖国篇》，《中国民族志》（1905年）第一章《攘书》，1903年。《思祖国篇》又载于《警钟日报》1904年7月15—20日。黄节《黄史》种源篇。《国粹学报》第一年乙巳第1号，1905年。宋教仁《我之历史》，1906年12月29日之条。不过宋教仁对中国人种西方起源说持怀疑态度。孙文《三民主义》第三讲，《孙中山全集》九。

此种寻求与西洋民族的类似点的民族起源论，并不限于中国，也见于日本。例如日本学者田口卯吉(1855—1905)就有日本人种为雅利安人种之说，认为大和民族与支那人种为别种，与印度、波斯、希腊、拉丁同种，其中与拉丁人种最近。①田口的理论，是以当时所流行的“黄祸论”为背景，欲与中国绝缘而脱亚入欧。②于章太炎而言，意在通过论述与西洋的同祖同源而与满洲绝缘，使“排满”革命正当化。在当时的中国，还有康有为从《春秋》公羊学的观点，提倡与满洲相互融和。对章太炎而言，该立场绝对无法容忍。那么，章是如何援用拉克伯里学说的呢？章的议论，与田口的理论相比则更为细致。

《訄书》与中国西方起源说

在《序种姓上》篇中，重订本添加了新的内容，论述了汉族的起源及形成的历史。在《訄书》中，该篇为仅次于《订文》篇的长篇力作。章太炎在文中称，欲继承敬慕的顾炎武(1613—1682)的遗志，阐明华夷的姓氏，其议论的基础为人类学等知识，特别是拉克伯里的中国西方起源说。

章太炎举出了地球上的五个人种，认为人种差异的原因在于地理环境、生殖、社会阶级、号令契约的差异。因为“今世种同者，古或异。种异者，古或同”，所以，要探索种族的变迁，要除去姓氏之伪，区别中华与夷狄。也因此他引用了拉克伯里的中国西方起源说。章太

① 《破黄禍論》，一名《日本人种の真相》，《鼎轩田口卯吉全集》第 2 卷，吉川弘文馆 1904 年(明治三十七年)版。

② 小熊英二：《単一民族神話の起源—〈日本人〉の自画像の系譜》第十章，新曜社 1995 年版。

炎还认为,“方夏之族”越帕米尔高原而来,伏羲开始与“九黎”(上古诸侯,曾乱天下)及三苗交战,至禹,然后得其志。“征之六艺传记,盖近密合矣。”其后,人文昌盛,自成一族,逐步与加尔特亚分离。他对拉克伯里学说进行了高度的评价。

章太炎还基于拉克伯里学说,论述说:“后萨尔宫有尼科黄特者,黄帝也”,“昆仑译言华土也。故建国曰华”。又运用小学知识,加以补充,在“萨尔宫者,神农也”一句下,加以“古对音正合”的注释,认为原语所对应的汉语与古代相合。另外,对“宗国加尔特亚者,盖古所谓葛天”,在其注中引用《吕氏春秋·古乐》篇等古典后,论述道:“案自大皞以下诸氏,皆加尔特亚君长东来者,而一代独得其名,上古称号不齐之故”,又论述道:“加尔特亚者,‘尔’‘亚’皆余音,中国语简去之,遂曰加特,亦曰葛天。”以小学工夫,将葛天氏与加尔特亚结合在一起。章太炎作为优秀的考证学者,尤为擅长小学,便将该学问的知识有效运用到了政论方面。实际上,章太炎的这一观点,还被黄节《黄史·种源篇》以及刘师培《思祖国篇》等引用过。拉克伯里学说,由章太炎而获得知识之权威性。

细细思之,所谓中国加尔特亚起源说,即意味着汉族与西洋同祖同源。《序种姓上》篇中,拉克伯里学说占据一半以上篇幅,在补充了拉克伯里学说之后,章太炎又论述了氏姓的辨别。对于当时的章太炎而言,拉克伯里学说的重要性,在于通过西洋提高汉族的存在价值一点。即,与西洋同根学说,不容分辨地提示了汉族的“种性”为“文”。其政治意义,与日本的明治思潮相比更为明显。

桑原骘藏(1870—1931)著《支那の太古に関する東洋学者の

所説に就き》，对拉克伯里学说提出了批判。①其认为，即使在周以前中国与中亚之间已有交通，中国与巴比伦之间确实存在类似文化，也无法立即证明中国文明由西方传来，而是由于两者地域接近、文化接触所致。而且，西洋的东洋学者存在“一种人种的感情，抑或宗教的感情”，所以，将世界文化的起源求诸中东一带，这种观点不合道理。桑原指出在西洋人的学说背后存在的西洋中心主义，而在探求太古的历史之际，则需要具有客观的妥当性。但是，章太炎与桑原不同，不但未对西洋中心主义进行批判，而且还将其作为论证汉族文明性的根据。由此也可以明显看出作为“考证学者”章太炎的政治性。如果优秀的考证学者博引古典来傍证中国与西洋同根，以区别华夷，则中国的知识界难以反驳。同时也增加了华夷之辨理论的影响力和说服力。而拉克伯里学说，则成为了巩固华夷的阶层化上绝好的理论。

永别了，中国西方起源说——纯化的种族性

但是，作为确认中国民族性的方法，这种学说则略有不纯之处。因为，之所以为“中华”的根据是与西洋同根，这意味着因为西洋是文明的，所以中国也是文明的。当然民族主义者章太炎对西洋中心主义的感觉并不迟钝。在《民报》时期（1906 年以降），他对拉克伯里学说的认识逐渐发生了变化。对于拉克伯里学说的评价比《訄书》时期大为后退，终于在最后对其进行了否定。以下来看其变化的过程。

例如他在《定复仇之是非》（1907 年）中说，汉族来自帕米尔高原，

① 《国民之友》第 287 号，1896 年（明治二十九年）。

“汉族自帕米尔高原来，特以冡书神话之微文，展转考索，比度而得之。而历史未尝有明据”[①]，在《排满平议》(1908年)中，他认为“汉族自波米罗来，虽无史籍根据，其理不诬”[②]。可知，与之前提及的《序种姓上》篇相比，评价大为后退。而且，至《教育的根本要从自国心发出来》(1910年)，则开始反驳此说，无法浪费篇幅将拉克伯里学说作为标准。若勉强将其作为标准，则于事实上支离破碎，于学理上谬误丛生，事迹也被随意捏造。[③]至此，《訄书》时期的牵强附会即被完全否定。改写《訄书》后的《检论・序种姓上》(卷一)，则在表面上尽量排除了西洋近代思想的知识。例如认为拉克伯里学说是“征之六艺传记，非也”，予以否定。对于来自加尔特亚，也改写为“自神农黄帝以来，非其冑也”。另外，黄帝也非“尼科黄特”，而是起于印度、大夏、西域36国之间。[④]对于西洋近代思想的否定态度，不止于拉克伯里学说，他甚至削除了西洋式的词语。[⑤]这是章太炎在中国的传统中发现了“中华”之所以然，并将其纯化为国粹主义立场的结果。重订本中依据西洋近代思想一点，在于其“排满主义”本身依存于异族西洋，表明了其尚未完成的性质。中华的种族性，正是在文化上排除了这些西洋性质的部分之后才逐步得以纯化的。

---

① 《民报》第16号，《全集》(四)，第275页。

② 《民报》第21号，同上，第263页。

③ 《教育今语杂志》三。

④ 《检论・序种姓上》，《全集》(三)，第363页。

⑤ 例如在重订本《序种姓・上》篇中论及原始社会母系制与图腾(“然自皇世，民未知父……相与葆祠之”)之后，为“其名曰讬德模。(原注：见葛通古斯《社会学》)”，不过章太炎在《检论》中却将该部分省略。户水宽人之说与附会希腊古史等也予以删除，或予以否定的评价，“历史民族”“社会”“技工兄弟”等词汇也予以删除。

第三节　与宗教学者姉崎正治的思想关系

章太炎与姉崎正治

受到姉崎正治在重要概念上的启发，章太炎才开始关注印度的古代思想，因此，其与姉崎在思想方面的关系极深。然而，迄今的研究，完全没有注意到此点。那么，二者究竟关系如何？以下就来进行详细考察，从不同的角度审视章太炎的思想。

姉崎正治（1873—1949，号嘲风）为奠定日本宗教学基础的学者，在印度古代思想、日莲宗及天主教方面皆有研究，学问范围广泛，且富有文才，一面进行宗教学研究一面还尝试文艺评论，成为了日本明治三十年代浪漫思潮的代表。与文学评论家高山樗牛（1871—1902）关系较近。姉崎的宗教研究及文艺批评的基础，则是叔本华及谢林（1775—1854）的形而上学。姉崎不但被《訄书》频繁引用，成为了章太炎的理论基础，而且还为《民报》时期的论文以及《齐物论释》（1910年）提供了重要的概念。章太炎对叔本华以及印度古代思想的关注，也与姉崎（特别是姉崎的早期著作）有关。而且，姉崎还与早稻田大学教授岸本能武太（1865—1928）有交往，一同组织了丁酉恳话会（后改称为丁酉伦理会）。丁酉恳话会，是于1897年（丁酉年）由姉崎与基督教徒横井时雄、哲学家大西祝等5人，从人格主义的立场出发，以涵养日清战争之后精神方面的社会运动组织。①章太炎曾翻译过岸本能武太的《社会学》，②可知与姉崎周边的思潮关系较深。另外，

---

① 姉崎正治：《丁酉会創立の思出》（《新版わが生涯》，东大出版会1974年版）。

② 上海广智书局1902年刊本。

章太炎后来曾对姉崎理论的脆弱进行过批判,也可见在章的思想形成上姉崎的重要性。

姉崎的著作与《訄书》

首先来看明治时期姉崎正治的著作。其著作有《印度宗教史》(1897 年,明治三十年)、《印度宗教史考》、《比较宗教学》、哈特曼著《宗教哲学》的翻译(均为 1898 年,明治三十一年)、《佛教圣典史论》(1899 年,明治三十二年)、《上世印度宗教史》、《宗教学概论》(均为 1900 年、明治三十三年)、《樗牛全集》全 5 卷的编辑(1903 年,明治三十六年)、《复活的曙光》、《现身佛与法身佛》(均为 1904 年,明治三十七年)、《国运与信仰》、《脚本泷口入道》(均为 1906 年,明治三十九年)、《美的宗教》(1907 年,明治四十年)、《捻花日记》(1909 年,明治四十二年)、叔本华著《作为意志与表象的世界》全 3 卷的翻译(1910—1911 年,明治四十三至四十四年)、《根本佛教》(1910 年)、《南北朝问题与国体的大义》、《停云集》、《文如其人》(均为 1911 年)等。①可知在其研究活动的初期、主要对宗教学及印度古代思想进行了研究。

章太炎受到姉崎著作所影响的,有初期的《宗教学概论》以及印度古代思想研究。《訄书》重订本中,前后有 8 处引用了《宗教学概论》及《上世印度宗教史》。②基本上为直译或部分的翻译,比起其他日本人的著作(第一节),姉崎的影响要大得多。有关此

① 大正时代以降的主要著作,有《宗教与教育》(1912 年)、《法华经的行者日莲》(1916 年)、《切支丹宗门的迫害与潜伏》(1925 年)、《切支丹禁制之始末》(1926 年)、《切支丹传道之兴废》(1930 年)等。

② 拙稿《章炳麟と姉崎正治 『訄书』より『斉物論釈』に至る思想的関係—》,《东方学》第 107 辑,2004 年。

点，容后详述。除此类书籍以外，在《民报》时期，章太炎还读过《印度宗教史考》(参看第二章)。姉崎在知识方面给予了章太炎强烈的刺激。

明治三十年代的思潮

在具体讨论章与姉崎在思想上的关系之前，首先来简单看一下当时的精神氛围。章太炎接触到了怎样的明治时期的思潮?

甲午战争时期，日本人一面充满了对不断膨胀的日本的期待，一面又对深化的产业社会感到不安。例如在建部遯吾(1871—1945)著的《哲学大观》(金港堂 1898 年版，明治三十一年)中，这样描述了明治三十年代的思潮。即甲午战争以后，国粹主义勃兴，替代了明治二十年代的基督教主义，并开始提倡奖励实业。同时日本的版图不断扩大，民众的购买力开始提高，其结果，在日本开始盛行“物质的拜金主义”以及“个人的利己主义”。但与此同时，也产生了竞争的失败者，由此，“无力的精神主义厌世的宗教思想”也开始盛行，“社会方面的问题”成为了思想界的课题。

甲午战争的胜利，导致了国家主义增强与军备的扩张，其结果是，膨胀的国家财政只有用增税来弥补。而且，随着产业化的深化也引起了竞争的激化，增加了劳动争议，社会主义也逐渐成为了一个现实问题。在如此社会形势的背景下，当时，流行社会进化论，其“生存竞争”的观点，也在个人的生活方式上植入了一个“永世不易之大规定”(加藤弘之 1836—1916)的印象。①个人主义以及厌世观的流行，

① 例如丘浅次郎《进化论讲话》(1904 年，明治三十七年)，为日本最初一部体系性介绍进化论的著作，《进化与人生》(1906 年，明治三十九年)认为，人类的生存竞争，存在于个体及团体间，人类的身体及精神正在逐渐退化。

正与产业化以及社会不安有关。

当时,有高山樗牛以及姉崎正治等的个人主义浪漫思想,纲岛梁川(1873—1907)的神秘主义,内村鉴三(1861—1930)等的基督教思想,清泽满之(1863—1903)等的佛教革新运动,幸德秋水(1871—1911)及堺利彦(1870—1933)等的社会主义的思想潮流。[①]明治三〇年代的青年,一面崇拜拿破仑、华盛顿等英雄,一面还是"怀疑、烦恼、苦恼、忧郁"的主人公。[②]这与自我的觉醒有关。即,明治前期的"政治青年",将自我的确立与国家的独立重合在一起,而与此相反,从明治三十年左右开始,出现了具有非政治性观念的,所谓的"文学青年",其精神背景,便是他们站在与国家的对立点上来摸索自我的确立。[③]这也反映了,甲午战争以降,随着日本国家的强大,个人的内面世界也随着时代成熟起来。对于这样的精神状况,诗人石川啄木(1885—1912)曾说,生于甲午战争以后,与国家保持一定距离的自己具有"自我主张的强烈欲求",同时还有"内讧的、自灭的倾向",处于一种丧失理想的状态。[④]因为,当时的时代是闭塞的。另外,研究伦理学及宗教学的纲岛梁川也说,"将我没入神中才得我也。……总之不得不说,并非出自神的忠君爱国,其意义贫乏,其根据脆弱。"烦闷于灵与肉的矛盾,在冥想与见神实验中寻求"自我的立

---

① 高坂正显:《明治思想史》第五章(洋洋社 1955 年版),以及丸山真男:《明治国家の思想》(《日本社会の史的究明》所收,岩波书店 1949 年版)。

② 桥川文三:《高山樗牛》,《日本の思想家》所收,朝日新闻社 1963 年版。

③ 内田义彦:《知識青年の諸類型》,《日本資本主义の思想像》,岩波书店 1967 年版。

④ 石川啄木:《時代閉塞の現状》(1910 年稿,明治四十三年),《石川啄木全集》第四卷,筑摩书房 1980 年版。

脚地”(纲岛语)。①

如此,当时的青年在探求自我,但均带有内向的非政治的倾向。自我与国家社会的冲突被不断内面化,于是开始朝着叔本华哲学以及神秘主义发展。厌世观哲学流行,正与此类非政治的个人主义有关。在这种精神状况下,叔本华及尼采等风靡一时。森鸥外(1862—1922)曾回忆说,尼采(1844—1900)与哈特曼(Karl Robert Eduard Von Hartmann, 1842—1906)是叔本华的继承人,尼采认为天才可以为所欲为,而哈特曼则认为人类在知识充分发达以后,世界会走向自我毁灭。②

精神的闭塞感,不仅日本,在欧洲也同样。随着1890年代的接近,在社会秩序的混乱及经济的危机当中,由于对物质进步信仰的怀疑,厌世观哲学及反主知主义的风潮扩散开来。③

但是,章太炎对于厌世观的理解,则与其性质相异(后述)。

姉崎思想的立场

那么,在如此精神风潮当中,姉崎正治的立场如何?姉崎正治有两种不同的面貌,即作为宗教学者④与评论家的面貌。在当时两者均以叔本华哲学等作为立论的基础。正是此宗教学和叔本华哲学成为了与章太炎的接点。

---

① 纲岛梁川:《自省録》(1897年手记,明治三十年),《日本哲学思想全书》(二),平凡社。

② 森鸥外:《月草叙》,《鸥外全集》第23卷,岩波书店。

③ 休斯(Stuart Hughes, 1916—):《意識と社会—ヨーロッパ社会思想1890—1930》第2章,みすず书房1970年版。

④ 关于姉崎在宗教学史上的地位,参看增谷文雄:《姉崎正治の業績》、小口伟一:《宗教学五十年の歩み—東京大学宗教学講座創設五十年を記念して》(均载《宗教研究》第147号,1956年)。

姉崎作为文艺评论家，在当时浪漫主义的思潮当中，站在独自的形而上学的神秘主义的立场上牵引了时代精神。①姉崎回忆说，在学生时代，曾阅读叔本华与谢林而写了《非理性主义的哲学》的论文，于此颇为得意。②当初，他的宗教学以及印度古代思想研究的方法论，也是以叔本华作为其理论的立场。但是留学德国后，他开始信奉瓦格纳(Wilhelm Richard Wagner, 1813—1883)。在《再与樗牛书》中，将叔本华、尼采及瓦格纳相提并论，写道："我相信，叔本华的悲痛观与尼采的意志尊严，共入瓦格纳的《爱》，始成为满足所以真挚之人的福音"(5 月 15 日)。但是，其在明治三十年左右信奉叔本华哲学，章太炎所读的书籍也是其站在该立场上所著之书。③

作为宗教学者的姉崎，其业绩可以分为三个方面，即(1)宗教学的骨格形成，(2)印度学、佛教学研究，(3)日本宗教史、比较宗教。④他的《宗教学概论》为(1)，《印度宗教史》《印度宗教史考》《上世印度

---

① 杉崎俊夫:《姉崎嘲風ノート》(《高山樗牛・齊藤野の人・姉崎嘲風・登張竹風》解说，筑摩书房 1970 年版)。该解说认为，姉崎作为批评家的立场，由非理性主义与神秘主义至新浪漫主义，以至于反自然主义，进行了三次转变，其绝顶时期，在尼采及瓦格纳等的新浪漫主义。其观点为，排除科学万能，将科学及艺术，道德及宗教归一，并融合于遍布宇宙的大精神。

② 前揭《新版わが生涯》之《大学在学時の思い出》，注 1。

③ 姉崎有关叔本华的论文，有《ショペンハウエルの性行(正)(承前)》(《哲学杂志》第 103、104 号，1895 年，明治二十八年)，《非理性主义の観念論一吠檀多とショペンハウエル》(《哲学杂志》第 135，1898 年，明治三十一年)。翻译《意志及び現識としての世界》全 3 卷(博文馆，1901—1912 年，明治三十四年至大正元年)。《ショウペンハウエル入滅五十年目》(《丁酉伦理会讲演集》99)、《ショウペンハウエルの滑稽論》(《帝国文学》第 16 卷第 11 号)、《ショウペンハウエルの譬喩二三》(《丁酉倫理会講演集》100，いずれも1910 年，明治四十三年)。另外在《印度宗教史考》《上世印度宗教史》《宗教学概论》等著作中，也随处可见对叔本华的引用。

④ 将姉崎的业绩一分为三进行评论的，为增谷前揭论文《姉崎正治の業績》。

宗教史》《佛教圣典史论》等为(2),《切支丹宗门的迫害与潜伏》等为(3)。与章太炎关系较深的,为(1)与(2)。当时姉崎的宗教学,站在叔本华的理论立场。《宗教学概论》为极具体系的一部著作,由宗教心理学、宗教伦理学、宗教社会学、宗教病理学等四个部分组成。姉崎宗教学,以针对宗教病理为其特征。当时尚无针对宗教病理的宗教学概论。①宗教病理,是指诅咒的惯行、色欲及食欲的亢进、②断食苦行、禁断色事等,均被以高等宗教为主要对象的旧宗教学斥为迷信。姉崎开始研究宗教病理,是因为其认为,叔本华所谓的"生活之意欲"会使宗教的意识发生社会性的亢进或减退。③不仅在宗教的概念规定(参看后述的"《訄书·原教上》篇与姉崎论文")上,即使在学问体系上,叔本华哲学也对其给予了影响。当然在印度古代思想研究上的影响就不言而喻。④与章太炎有关的,是初期的姉崎的宗教学以及印度古代思想的研究。在佛教研究上,姉崎提倡"根本佛教"(原始佛教之意),从历史主义的角度来进行佛教原典研究,⑤可是这种佛教观及方法论,却与批判大乘非佛说的章太炎⑥产生了对立,在对轮回及羯磨的理解上,两者也有所不同(后述)。

---

①　柳川启一:《〈宗教学概論〉成立前后》(前揭《新版わが生涯》所收)。姉崎在《病的宗教》(1896年,明治二十九年)、《中奥の民間信仰》(1897年,明治三十年)、《宗教病理学の樹立と病態宗教の概論》、《聖典偽作の宗教病態》(均为1898年,明治三十一年)等著作中也论述了宗教病理。

②　见于希腊的酒神祭、欧洲的谢肉祭、印度女神崇拜派的神圣仪式等。《宗教学概論》,第416—424页。

③　《宗教学概論》第4部《宗教病理学》,第425、437页等。

④　《印度宗教史考》,金港堂1898年版,明治三十一年),第183—184、269—274、285—290页等。

⑤　田村芳朗:《姉崎正治と日蓮》,《新版わが生涯》所收。

⑥　《大乘佛教缘起说》,《民报》第19号,1908年。

姊崎在东京大学师从井上哲次郎(1856—1944)及科培尔(Raphael von Koeber，1848—1922)研究哲学，又赴德国留学，师从保罗·戴生(Paul Jakob Deussen，1845—1919)学习叔本华哲学与梵语。[①]日本的叔本华研究，井上哲次郎从佛教方面着手，在明治二十年代后期已经开始。[②]此外因为科培尔也是叔本华研究家，所以使姊崎对叔本华抱有兴趣的知识环境非常完备。但是姊崎对叔本华哲学的倾倒，在根本上还是与其自身的内在动机有关。想通过叔本华来解决自身肉体与灵性的矛盾相克。[③]也正因此而担当了牵引时代精神的一翼(其后叔本华哲学对他的意义发生了变化，宗教学方法论也产生了变化)。[④]

在《訄书》中如何接受姊崎的著作？——翻译与基础概念的借用

如前所述，《訄书》中引用了姊崎的《宗教学概论》(5处)与《上世印度宗教史》(3处)。姊崎的影响比其他日本人的著作(第一节)更大之处，通过以下3点也可以明确获知，(1)引用多达8处，其汉语译文也较长。(2)运用姊崎的知识并非断章取义，而是借用了其基础概念，还进行了讨论。(3)翻译了姊崎论文约三分之一，借用了其理论框架等。

首先，来看翻译的方法。《訄书》中，除《上世印度宗教史》中的古代印度宗教的知识以外，对于结合心灵术及印度思想的神知学(Theosophy)也基本上直译。与其他日本书籍相比，所引用的姊崎著作整

① 前揭《新版わが生涯》，第82—86页。

② 《井上哲次郎自伝》，富山房1973年版，第41—43页。茅野良男：《日本におけるショーペンハウアー》，《ショーペンハウアー全集》別卷，白水社1975年版。

③ 杉崎，前揭论文。

④ 柳川，前揭论文。

体直译之处较多。例如章太炎在引用有贺长雄著《宗教进化论》时，在《訄书·原教下》篇中，仅将其大意略译为30余字，在《序种姓上》篇中，对其原始社会的图腾知识也仅是断章取义地加以引用。①另外，章太炎还翻译了岸本能武太著《社会学》，但却并非直译，而是仅取原文大意，进行了简洁的翻译。②但是对于姊崎正治著《宗教学概论》，在《訄书·通谶》篇中直译了约290余字，在《订文》篇中则直译了约260字。姊崎著作的直译，在《訄书》所引的日本书中极为醒目。章太炎将姊崎的论说照搬为有力的论据。

其次，来看《訄书》中来自姊崎的基础概念。《订文篇附正名杂义》是《訄书》中最长的一篇论文，论述了表现与语言的问题。语言与表现是章太炎极为关心的问题，在《文学说例》篇③、《国粹学报·文学论略》篇④、《国故论衡·文学总略》篇中反复进行了论述。⑤支撑该正名杂义的，是"表象主义"这一概念，用作汉语的引申及假借现象的说明原理。此一概念便来自姊崎的著作。所谓假借，是指对于虽有意思但无汉字的语言，借用同音汉字进行表达的一种言语现象。

章太炎认为，上世因语言较少，即使文字较少也无问题。此点可见于斯宾塞(Herbert Spencer 1820—1903)《社会学之原理》。在古代中国，自古"人""仁""夷"字之意为同一字，互通声训，因此，可以脂部(古音分类，以下同)与真部之转进行假借。但至中华与夷狄在文化上加以区分之后，音义产生分化。"人""仁""夷"分别用于不同含

---

① 《原教下》篇，《全集》(三)，第286页；《序种姓上》篇，同书，第171页。

② 拙稿《章炳麟『訄书』と明治思潮—西洋近代思想との関連で—》。

③ 《新民丛报》第5、9、15号，1902年。

④ 《国粹学报》第2—9、10、11号，1906年。

⑤ 拙稿《章炳麟について—方法としての言語—》。

义，以至于无法指“容通言人”。因此，“夫语言文字之烦简，从于社会质文，顾不信哉”。虽如此，也无法将所有事物赋予名称，因此，语言与文字未必会成比例增加，而引起引申及假借现象。在人事及心理方面更是如此，本来就无实体，因此不得不借用他物之名进行表达。各种无形之物，除假借表象以外更无他方法。此即称之为“表象主义”的现象，对人类而言具有不可避免的病理。①如此，章太炎将姉崎的文章直译了大约 260 字之后，称“其推假借引申之原，精矣”，对姉崎进行了高度的评价。

姉崎将“表象主义”用作为 Symbolism 的译语，将表象主义作为在广泛的人类的精神现象以及社会现象中不可避免的存在。②而在宗教中，因为宗教现象的根柢潜藏有“自我扩张的意志”（叔本华语），所以，宗教不得不将绝对的神格见于相对的现象之中来表象。姉崎如是对“表象主义”进行了理解。③但是，章太炎的理解却与姉崎不同。章并非将“表象主义”理解为宗教的象征性，而是理解为语言的象征性。章太炎认为，因为语言带有“表象主义”的病理，所以文辞越华丽，其病理越甚。表象蔓延，就会产生以“代表”（引喻）为巧妙，以有实质而无文采语言为稚拙的弊害。本来，“文”必须与“质”调和，因此为了挽救此种弊害，小学（传统的语学）极为重要。④对小学的重要性，章太炎甚为关心。

如此，姉崎宗教学的概念“表象主义”，被转用于引申及假借现象

---

① 《全集》（三），第 213—214 页。

② 姉崎：《宗教学概論》，第 383、456—458 页等。

③ 姉崎前揭书，第 60—62、91 页等。

④ 《全集》（三），第 214、215 页。以及拙稿。第一章第一节注(19)。

的说明原理，并导出了小学的存在意义。正因为章太炎对语言及表现的问题极为关心，因此对于他的理论来说，“表象主义”的概念不可或缺。姉崎的影响之大可见一斑。

《訄书·原教上》篇实则为姉崎论文

除对基础概念的借用以及对姉崎书的翻译方法以外，在《訄书》中其他部分也可见到姉崎的影响。《訄书》的文章中，有一篇可以说是基本上翻译了姉崎的论文，即《原教上》篇。该篇曾新增入重订本，但随后又被删除。①该篇一向被认为是章太炎的文章，②但实则为姉崎《宗教なる概念の说明契机》论文整体的约三分之一的汉语译文。姉崎该文，本来刊登在《哲学杂志》上，后被作为《宗教学概论》的附录。《訄书》经常引用《宗教学概论》，章太炎无疑是通过该书读到了这篇论文。③在本篇的开头部分，章称赞姉崎所说“信善哉”，可见参考了他的论述，从其后“观诸宣教师所疏录……”句以下，至论文末尾的“与近世之神智学（原注：美人奥尔廓德倡神智会④）……实瑜伽之变形也”句，则为姉崎论文的逐句翻译（后述）。而且，连《原教上》篇末尾的结论“吾故曰，梳法鬼神之容式，芴漠不思之观念，一切皆为宗

① 1910—1913年修改。朱维铮《前言》，《全集》（三）。

② 高田淳：《戊戌·庚子前后の章炳麟の思想》（《章炳麟·章士钊·鲁迅》，龙溪书舍1974年版）。汤志钧：《从〈訄书〉修订看太炎的思想演变》（《文物》1975年第1期）、《〈訄书〉修订和尊法反儒》（《文物》1976年第1期），《章太炎年谱长编》上册（中华书局1970年版）。姜义华：《〈訄书〉简论》（《复旦学报（社会科学版）》，1982年第2期），《章太炎思想研究》第四章（上海人民出版社1985年版）。唐文权、罗福惠：《章太炎思想研究》第二、六章（华中师范大学出版社1986年版）。

③ 《宗教学概论》第553—572页收载。章太炎翻译了其中的第558—564页。徐复《訄书详注》（上海古籍出版社2000年版）中并未言及此点。

④ Olcott，Henry Steel（1832—1907）。

教。无宗教意识者,非人也"一句,也是姉崎文章的翻译。即姉崎文章中的"されば吾人は咒法幽鬼の信仰儀礼も、空漠不定な不思议力の観念も、宗教なりと断じ、一切の人民には宗教的意識の顕动せるあるを断じ、……"部分。因此,将该"吾"字解为章太炎,则会犯一个极大的错误。将姉崎论文的一部分全译后载入《訄书》,虽然可以说是该论文引起了章太炎极大的共鸣,同时,也表明了章太炎对姉崎论文的全面赞同。

但是如果仔细查看,章所赞同的,乃是"齐物论而泯贵贱"的主旨。姉崎该论文,论述了如下两点:(1)宗教对人性而言,是普遍的,宗教没有高下的区别,(2)自我保存的意志作为宗教的中心动力而存在。姉崎自身的重点倾向后者,即,"自我扩张的意欲"(叔本华语)不断诉求欲求的满足,但因为无法实现,所以便将不满的消解希求于最终的超越性的存在。宗教的原动力便存在于此,其如是对宗教现象进行了说明。

然而,章太炎所大致直译的内容[①]为(1),即宗教并无高下区别部分的大体内容。此处称大致或大体,是因为,还有未翻译的部分。也即是说,章太炎直译的姉崎论文中有根据叔本华哲学论述宗教意识的部分。[②]章太炎对此并未译出,而是用完全不同的其他的文章代替了这部分内容。这是因为当时,他对叔本华的"生活之意欲"这个观念还

① 章太炎对于姉崎论文中意思不明的部分,则如"故南洋之佗步与其脱披(断)"(《全集》(三),第283页)等未予翻译,或如"于利海诺夫与非洲之加迈伦人也"(第284页)的"利海诺夫"本为对未开化社会进行报告的学者赖歇诺(Anton Reichenow),而章太炎却将其误译为未开化民族。

② "余辈所言于此足亦。……无不具有努力实现其憧憬渴望的机能"(姉崎:《宗教なる概念の説明契機》)。

未能理解。在《訄书》的其他部分中,也有明显对反映叔本华哲学的姉崎论文的引用,但章对其内容并未表示任何关注。①他对叔本华的关注,尚在《訄书》重订本之后,也是其在思想上发生极大转变之后才产生的。

虽然叔本华在清末已被介绍到中国,②但在章太炎准备重订本的1901至1903年的阶段,清末精神本身尚未开始关注厌世思想,他无法理解叔本华哲学也是自然的。在论文开头部分所提及的"齐物论泯贵贱",是指消除区分高低贵贱的宗教意识之意。宗教并无高下这一观点,在《建立宗教论》(1906年)中也有过论述,为章太炎的基本认识。③由上可知,姉崎著作在《訄书》重订本所引日本书籍之中,也占有特别重要的地位。

章太炎、叔本华、姉崎正治

然而,直到在《民报》刊登诸多文章(以下称为《民报》时期),章太炎仍然与姉崎保持有思想上的关系。《民报》时期的文章中,以佛教色彩浓厚的哲学性论述较多。例如《建立宗教论》(1906年),基于佛教学,论述了应当建立的宗教。他希望建立拯救众生而不失真实的宗教。唯识学,是一切存在皆由心的本体"阿罗耶识"之转变而生的佛教学说。《人无我论》(1907年)则论述了功利主义及进化论等引起了民德衰退,故要建立宗教重建衰败的道德。章所谓的道德目标,是以抛弃利己心,悟清"我"乃幻有,从我执中得到解放。

---

① 其为《通谶》篇的原注"《宗教学概论》曰,热情憧憬,动生人最大之欲求。是欲求者,或因意识,或因半意识,而以支配写象","然则世界观之本於欲求者,无往而或异。"此处正是在姉崎说中明确反映叔本华哲学的部分。

② 王国维:《叔本华之遗传说》《论叔本华之哲学及其教育哲学》等(均载《教育世界》第72、75、77号,1904年)。

③ 《全集》(四),第408页。

章太炎向佛教的转变,[①]是与其关注康德及叔本华平行发展的。根据《太炎先生自述学术次第》,其在日本进行革命运动的余暇则阅读大藏经,“既东游日本,提倡改革,人事繁多,而暇辄读藏经,又取魏译《楞伽》及《密严》诵之,参以近代康德、萧宾诃尔之书。益信玄理无过《楞伽》《瑜伽》者”。《楞伽经》论述“阿罗耶识”及“如来藏”思想,与唯识学有关,《密严经》与“如来藏”思想有关,《瑜伽经》则与唯识说有关。可以说,正是1904、1905年左右向佛教的接近,使其萌生了对叔本华哲学的关注。例如,读《佛典杂记》(1905年)[②]及《致黄宗仰书》,即可明白此点。在《致黄宗仰书》中,章太炎将康德哲学的“事前之识”比作佛教的“能见”,“事后之识”比作“能现”,或将叔本华的“认识充足主义”之一比作“能见”等,认为“有此二说(康德、削宾诃野尔),而后内典大明”。[③]可知其将对佛教的关注与对西洋的形而上学的关注结合在一起。《訄书》中尚未出现对叔本华哲学的关注这一点,则如前所述。在日本,叔本华是由井上哲次郎介绍进来的,井上将其看作为“站立于东洋思想与欧洲思想的相互交涉地位的人”。此外,当时,日本还有将佛教与德国哲学进行比较的研究,[④]如姉崎著《印度

---

① 章太炎与佛教的关系,参看高田《辛亥革命と章炳麟の斉物哲学》(前揭)第一章「章炳麟と仏学」。

② 《国粹学报》第1—3号。章太炎在森内政昌《认识と実践,実践观念と理想観念》(井上哲次郎编《哲学丛书》第1卷第3集所收,1901年,明治三十四年)的基础上进行了论述。

③ 《致黄宗仰书》(道载文《章太炎之〈红楼梦〉观——章太炎致黄宗仰书》,《大成》第57号,1978年)。

④ 井上,前揭书,第42、43页。近角常观:《独逸哲学と仏教との比較》(《哲学杂志》第140—145号,1899—1900年,明治三十二至三十三年)等。叔本华与佛教的关系,参看渡边ドロテア:《仏徒ショーペンハウアー》,《时间と人间》所收,中央公论社1979年版。

宗教史论》将佛教与厌世观结合在一起。章太炎将叔本华哲学与佛教相关联的观点，与明治时期的此种理解具有重合之处。

在《民报》时期，叔本华哲学在章太炎的论述当中还具有特别重要的意义。例如在《俱分进化论》(1906 年)中，章太炎认为，“当海格尔始倡发展论时，索宾霍尔已与相抗，以世界之成立，由于意欲盲动，而知识为之仆隶”。在《四惑论》(1908 年)中，提及叔本华的“意志之表彰”说，认为“若夫有机、无机二界，皆意志之表彰，而自迷其本体，则一切烦恼自此生，是故求清凉者，必在灭绝意志，而其道始于隐遁”。《四惑论》的该部分，是接续在人类非为世界而生的有名观点之后一段。可见，章太炎强烈的个人主张正是以叔本华哲学为根据的(第二章)。

另外，在《五无论》(1907 年)中，他还提到了叔本华作为意志竞争的例证所举出的牛头犬蚁(蚁子)。①叔本华哲学的翻译在当时并不多见，②可知章确实是通过日本书籍进行了认真的研究。在《齐物论释》(1910 年)中，章太炎对叔本华哲学一面进行批判，一面也对其评价说：“近世达者，莫若箫宾閜尔。”③这也说明了其对叔本华有了相当程度的理解。除此之外，《无神论》《答铁铮》《亚洲和亲会规约》等，也对叔本华有所言及。

---

① 《全集》(四)，第 436 页。

② 松本文三郎：《シオペンハワ一哲学提要》，第 292 页(哲学馆教育学部讲义录)。牛头蚁的记述，见于《意志と表象としての世界》第 27 节(白水社版《全集》第 2 卷)。松本同书，为姉崎译《意志と現識としての世界》全 3 卷(1910—1911 年，明治四十三至四十四年)刊行之前的梗概书。另外，王国维所读为叔本华同书的英译本(《叔本华与尼采》，《教育世界》第 84、85 号，1904 年，明治三十七年)。

③ 《齐物论释定本》，《全集》(六)，第 114、116 页。

在厌世观哲学方面，章太炎也言及哈特曼（Karl Robert Eduard von Hartmann，1842—1906）。例如在《俱分进化论》中，对哈特曼的宗教哲学进行了批判。哈特曼在明治三十年代的流行，从其《宗教哲学》的翻译出版（姉崎正治译，博文馆 1898 年版）及《哲学杂志》中刊登的相关论文之多，便可得知。①哈特曼以“无意识”做为世界原理，认为是黑格尔（Georg Wilhelm Friedrich Hegel，1770—1831）的逻各斯（Logos）与叔本华的“意志”的合一，“无意识”逐步得到扬弃而趋于终结。②

从其他几点也可以推测出，在《民报》时期，章太炎读过姉崎的著作。他的观点既与姉崎观点类似，又对其进行了批判。例如章太炎在《俱分进化论》中，概说了叔本华哲学，评论说：“其说略取佛家，亦与僧佉论师相近。时论固高，则又苦无证据。”③对于该点，姉崎也有同样的论述。④另外，章在《人无我论》中将姉崎《印度宗教史考》中的观点批判为“此实浅于解义者”⑤。可见其读过《印度宗

① 高山樗牛：《ハルトマン氏の厭世主义》（第 38 号，1890 年，明治二十三年），村上专精：《ハルトマン氏宗教哲学論ニ就テ》（第 85 号，1894 年，明治二十七年），高山：《ハルトマンの美学及其批評》（第 132—136 号，1898 年，明治三十一年），小田切良太郎：《ハルトマンのショーペンハウアーに対する关系》（第 143 号，1898 年，明治三十一年），藤井健次郎：《ハルトマン氏の自律及び他律論》（第 161、164 号，1900 年，明治三十三年），深田康算：《ハルトマンの無意識哲学》（第 215、217 号，1905 年，明治三十八年）。

② 桑木严翼：《ハルトマンの哲学史上の位置》，《哲学杂志》第 112 号，1896 年（明治二十九年）。

③ 《全集》（四），第 386 页。

④ “ショーベンハウマーの出張はほとんど詩であって哲学ではない”（叔本华之主张基本为诗而非为哲学）（姉崎：《再び樗牛に与ふる书》），及《佛教やサーンキヤ学派に類似している》（《印度宗教史考》）中如是指出。

⑤ 《全集》（四），第 427 页。

教史考》。①由此也可见，在《民报》时期，章太炎对姉崎进行了反复的研读。

章太炎的基础概念与姉崎的关系

此外，《民报》时期的基础概念，也来自姉崎正治的启示。章太炎在《民报》时期，站在唯识学的立场上进行了论述，用"原型观念"一词来说明"阿罗耶识"（使所有事物作为幻觉现象的位于根源的心识）。例如在《建立宗教论》中，认为"谓此概念法尘，非由彼外故生，由此阿罗耶识原型观念"，②将"阿罗耶识"与"原型观念"视为同一。"原型观念"之语，在他处也有使用。例如在《齐物论释》中，认为"今始证明详彼意根，有人我法我二执，是即原型观念"。③将"原型观念"作为相当于"阿罗耶识"的概念加以重视（第三章第一节）。

其实"原型观念"一语，来自姉崎正治著《上世印度宗教史》（前揭）。姉崎在其中论述说："即根本的阿黎耶识作为一切法的所依，含蓄执持（Adana）一切现象的种子即原型观念。即此等原型种子依意识（Manas）而呈分别认识……"（第 261 页）其中已经将"阿罗耶识"（同"阿黎耶识"）与"原型观念"结合在一起。《上世印度宗教史》为《訄书》经常引用的书籍（前项《〈訄书〉中所见到的姉崎的著作》）。"原型"（"元型"）这一词语，当时，用作柏拉图的理念（Idea）的译语，或用于"Rudiment、元形、基本、起端"等意思④。"原型观念"一语，至

① 《全集》（四），第 427—428 页。此说见于《印度宗教史考》第 226—229、235—236 页等。

② 《建立宗教论》，《全集》（四），第 409—410 页。

③ 《全集》（六），第 79 页。

④ 朝永三十郎：《哲学辞典》（宝文馆，1905 年，明治三十八年）。《哲学字汇》，东京大学三学部印行，1881 年，明治十四年。井上圆了《东洋心理学》（哲学馆第八学年正科讲义录）中，则将"阿赖耶识"附会为莱布尼茨（Gottfried Wilhelm Leibniz，1646—1716）的"元子"。

今未见于姉崎该书以外之处，因此即可以认为，章太炎确实从姉崎书中得到了将“阿罗耶识”理解为“原型观念”一语的启示。章在《訄书》当中，从姉崎书中借用“表象主义”的基础概念进行了论述，而在《民报》时期，则是借用了“原型观念”这一重要的基础概念。

但是，对于“原型观念”的概念，也不过只是得到了姉崎的启发而已，章太炎随后展开了独自的论述。在《人无我论》中，章太炎对姉崎正治及李斯·戴维斯（Thomas William Rhys Davids，1843—1922）的错误理解进行了批判。二者对于“我”的本义无法理解，即将“羯磨”误解为“轮回”的主体，未能理解“无我”与“轮回”的关系，认为“此实浅于解义者”。李斯·戴维斯（《人无我论》中称为“黎斯迭韦”）为英国的印度宗教学者，姉崎在伦敦期间曾在其门下研究。而在《訄书》中则并无此类的姉崎批判。另外在《菿汉微言》（第5条）中，也提及作为“日本人学者”的关于羯磨与轮回的问题，该“日本人学者”，从其观点来判断则应为姉崎正治。此外，《訄书·原教上》篇基本上为姉崎论文的汉语译文，《检论》（1914年）则将该篇删除，姉崎的地位开始变得无足轻重。可以说这是章太炎的佛教理解更为深刻、哲学趋于成熟的结果。但是，从受到姉崎的启发后，章太炎形成了自己思想的角度来看，姉崎的作用无法忽视。

在章太炎与叔本华的思想关系上，除了姉崎正治以外，日本书籍也给予了其极大的影响。这便是叔本华著、比尔德（A.Burdeau）译、中江兆民重译的《道德学大原论》。中江兆民将叔本华的道德论，用“恻隐之心”（共同感情）及“万物一体思想”（均为中江兆民译语）等术语进行了翻译，而将扎根于内发性的利他行为，用“恻隐之心”“万物一体思想”的汉语进行了说明。章太炎在当时，欲确立可以担任“排满”革命自我牺牲的主体，因此从该政治目的理解了佛教。例如在《答梦庵》(1908 年)中，明言主张佛教的理由为，“特欲发扬芳烈，使好之者轻去就而齐死生”。章太炎的宗旨是，通过佛教的菩萨行确立可以杀身成仁的政治主体。①中江兆民译的《道德学大原论》，作为利他行为的原论极大地刺激了章太炎，使其作为“菩萨行”的革命实践从欧洲近代哲学方面找到了根据(第二章)。

小　结

如上所示，在《訄书》时期，章太炎积极地吸取了西洋近代思想。《訄书》重订本便是其成果所在。

(1) 章太炎关心的领域，并不仅限于政治学及社会学等，而是广泛涉及心理学及修辞学、文学等。在青年时期，他的西洋知识曾以自然科学为主，因此在《訄书》时期这种贪婪的汲取，显示了其思想的大幅度转变。

(2) 章太炎吸取西洋知识，并非是为了证明中国古典的正确性，而是在世界性的事例中重新审视中国文化并使其相对化。

(3) 但是，章太炎在使中国文化的相对化过程中，传统的华夷观成为了一道障碍，无法消除“中华—夷狄”的框架。虽然他很早就提到中国文化的进化问题，却以种族性是否为“文”这一先验性标准对周边诸民族进行区别，而不承认社会的进化。特别是对于满洲，并不承认历史性同化的事实。而且，一面根据拉克伯里学说，一面又说中

① 拙稿《章炳麟における「我」の意識—清末の任侠(Ⅳ)—》，《京都产业大学论集》(人文科学系列)第 24 号，1994 年。

国与西洋同祖同源以提高中国的地位，结果是从西洋文化寻求中国的种族性（ethnicity），颇具讽刺意味。

(4) 因为以西洋来论述中国之所以为“中华”太不自然，遂从中国固有的传统当中来寻求中国的种族性。故《民报》时期以后，降低了对拉克伯里学说的评价，以至于最后加以否定。

(5) 章太炎与姉崎正治之间的思想关系，明确显示了向西洋近代思想接近及背离的轨迹。至于《訄书》，章太炎受到姉崎在印度古代思想及宗教学、厌世观哲学等方面的知识启发，还借用了“表象主义”的概念。加之，《訄书・原教上》篇又基本上是对姉崎论文的逐字翻译。但在《民报》时期，虽然借用了“原型观念”这一概念对世界的本体展开了哲学性论述，但对于姉崎的佛教理解，不如说是持批判态度的。这是因为在《民报》时期以后，章太炎通过佛学构筑了自己的形而上学，与西洋近代思想进行了对决。

如此，在《訄书》中看到的西洋近代思想，一面不断探索中国的普遍性，另一方面却未将华夷观实现相对化，反而增强了这种观念。但是，明治思潮与西洋近代思想在《訄书》的理论构建上不可或缺，在《民报》时期，则成为了使章太炎思想趋于成熟的批判性媒介。这一点可以说是极为重要的。当时的章太炎吸取西洋近代思想的态度更为坚决。

第二章　《民报》时期的章太炎与明治思潮

——从西洋近代思想的转变

前　言

从接受到批判

如前章所见，章太炎在《訄书》中积极地吸收了西洋近代思想。但在《民报》时期，他对待西洋近代思想的态度发生极大转变，开始从接受转变为批判。例如其主要著作《齐物论释》(1910年)是以佛教的唯识学来解释《庄子·齐物论》篇的，其中他对康德持批判态度。可见，此时章太炎已经超越了吸收西洋近代思想的阶段，开始进一步体系化自己的思想。但显而易见，如果没有《訄书》时期对西洋近代思想的接受，便不会形成《民报》时期的思想。而且，即使到了《民报》时期，也无法忽视章太炎在《訄书》时期所受到的西洋近代思想及印度古代哲学、姉崎正治著作的影响。

但是，西洋近代思想是如何被批判性接受的？此点可以从章太炎“自主”的思想及厌世观中看出端倪。“自主”的思想，显示了章太炎独自的立场，论述了不拘泥于既成价值观的、从集团到自由的个人的姿态，具有“liberty”的语感（参看本章第二节）。该思想以中国方式解释近代的自由，也具有批判西洋价值观的一面，而“自主”的语感则来自明治时期的日本书籍。

另外，章太炎的厌世观表现在其论述世界之阶段性消亡的“五无论”等，也与其赴日之明治三十年代初期厌世观较为流行的社会背景有关。章太炎经常言及明治时期的厌世观，其中尤其与叔本华有较深的关系。叔本华的“意志”说及共同感情论，为章的“自主”思想及伦理观提供了哲学论据。可以说，章太炎正是通过明治思潮而得到了知识上的启发。但是，比起章太炎与康德的关系来，他与叔本华在思想上的关系向来不受重视，①与“自主”思想的关系也完全未受到关注。当然，与叔本华著、中江兆民译《道德学大原论》在思想上的关系亦然。

因此，在本章中，首先来确认章太炎与明治三十年代的厌世观以及与叔本华的关系（第一节），其次探讨章的“自主”思想的性质（第二节），最后考察其与叔本华著、中江兆民译《道德学大原论》之间的关系（第三节）。通过以上考察来表明章太炎如何开始批判性接受西洋近代思想，以及他与明治思潮的关系。

---

① 例如姜义华《章太炎思想研究》第六章（上海人民出版社 1985 年版），将佛学、诸子学、德国哲学比作太炎哲学的三个源泉，认为德国哲学以与康德的思想关系为最大。而对于叔本华，则仅将其看作批判对象的“惟我论”者，等同于费希特（Johann Gottlieb Fichte，1762—1814）及印度古代哲学的数论派。此外唐文权、罗福惠《章太炎思想研究》第五章（华中师范大学出版社 1986 年版），详细论述了太炎的康德批判，而对于叔本华，则仅言及其名字而已。

第一节 与明治厌世观的关系

章太炎与叔本华

如前所述，章太炎经常谈到叔本华（第一章第四节），还谈到了哈特曼（Hartmann）及尼采（Nietzsche）等其他厌世观哲学家①。但是相比之下，对叔本华的讨论最多，思想关系也最为深刻。②在内容方面广泛涉及叔本华的“盲动的意志”说、反功利主义伦理说、自杀论、作为涅槃之境的世界消亡、充足理由律、共同感情论等。

例如“盲动的意志”说在其《俱分进化论》中有所论及（参看第一章第三节），叔本华在“意志”盲动的例证上引用的牛头犬蚁，可见于《五无论》。作为这个世界的本体的“意志”与“原型观念”一词有关（参看第三章第一节），“原型观念”这个具有近代性特征的词语，已见于《建立宗教论》以及《四惑论》中。③早已将该词与唯识学的“阿赖耶识”结合的，正是在前章考察过的姉崎正治，姉崎是向日本介绍叔本华的主要学者。在章太炎构建其哲学之际，“意志”以及“原型观念”起到了一种催化作用（详后述）。有关充足理由律，正如“近代萧宾诃尔于转化充足主义，认识充足主义之外，别立存在充足主义，亦犹佛

---

① 《俱分进化论》（《民报》第 7 号，1906 年）、《建立宗教论》（《民报》第 9 号，1906 年）。《与人书》（《民报》第 10 号，1906 年）中所言“近世哲学家所谓无意识……”，是指哈特曼（Karl Robert Eduard von Hartmann，1842—1906）的《无意识哲学》。

② 《演说录》《无神论》（《民报》第 8 号，1906 年）、《俱分进化论》《建立宗教论》《送印度钵逻罕保什二君序》（《民报》第 13 号，1907 年）、《答铁铮》（《民报》第 14 号，1907 年）、《五无论》（《民报》第 16 号，1907 年）、《亚洲和亲会约章》（1907 年）、《四惑论》（《民报》第 22 号，1908 年）、《齐物论释》《国故论衡・辨性上》（以上 1910 年）、《论佛法与宗教哲学以及现实之关系》（1911 年）等有所言及。

③ 《全集》（四），第 410、411、454 页。

法之立法尔道理也”(《齐物论释》第六章),在章太炎的哲学论述当中有所触及。另外,关于共同感情论,尽管于章太炎的思想极为重要,但向来却少有关注。然而毕竟影响极大,对此将容后详述。

如上,章太炎与叔本华在思想上的关系极为紧密。虽然同为厌世观,对于哈特曼,仅言及其《宗教哲学》(姊崎正治译,博文馆1898年版)以及其进化和宗教、无意识说等。对于尼采,则不过仅触及其超人说以及尼采的马丁·路德(Martin Luther, 1483—1546)宗教改革观。在风靡明治时期的厌世观当中,章太炎主要关心的还是叔本华哲学。而且,章太炎所关心的领域极为广泛,通过中江兆民译《道德学大原论》,还开始注目于叔本华之反功利主义性质的伦理说以及共同感情论。

章太炎、西洋近代哲学以及日本书籍

这个时期,除了叔本华,章太炎对于以康德以及休谟(David Hume, 1711—1776)为首的西洋近代哲学也常有言及。

例如将叔本华以及费希特(Johann Gottlieb Fichte, 1762—1814)作为唯我论者与印度的数论(Sāṃkhya)学派并列(《无神论》),对于康德,也在与佛教的对比中,论述了其十二范畴论以及“物如”论等,[①]对于其时间、空间的概念也进行了批判(《建立宗教论》)。通过与佛教对比的形式,对西洋近代哲学进行了理解。但是,在《齐物论释》中,是通过佛学来反复体会西洋近代哲学的,虽然在表面上并无西洋近代哲学的特征,但正如后来可以看到的,其知识的启发意义极大。

---

① “物如”一语,指井上哲次郎对(《认識と実在との関係》)“Ding an sich”之翻译。当时,除此之外还有“物其自身”(蟹江义丸)、“本体”(中尾教严)等译语,这也是太炎读过井上著书以及论文的旁证。

章太炎所吸收的西洋近代哲学，不仅影响了其知识构造，而且影响了其思考方式。例如在《规新世纪》(1908 年)中，便可窥见其西洋近代哲学思考方式的一斑(第三章)。在该文中，对究极实在与经验世界的实证进行了考察，其中的思考方式则有别于中国的思想传统。的确，从章太炎的文章中，几乎感受不到近代哲学的现代感，这当然也是其作为古典研究的大家有意将文章表现及论述内容倾向传统的结果。但是，可以说当时的章太炎已经掌握了近代意义上的哲学构思(参看第三章)。

如上所述，章太炎十分关注西洋近代哲学，并将日本书籍作为了解西洋近代哲学的媒介。章太炎来日本后曾立刻向宋教仁询问过是否有好的哲学书。[①]而宋教仁也曾购入并认真研读过朝永三十郎(1871—1951)著《哲学纲要》、冯·希曼(Julius Herrmann von Kirchmann，1802—1884)著、藤井健次郎(1872—1931)译《哲学汎论》、井上圆了(1858—1919)著《哲学要领》、服部宇之吉(1867—1939)著《心理学讲义》以及《哲学杂志》《东洋哲学》杂志等哲学著作。加之宋教仁经常与章太炎会谈，所以应当向其介绍过此类哲学书籍或杂志。正是在此环境当中，章太炎接触到了当时风靡一时的厌世观以及康德哲学。

日本明治时期的佛教

在论述明治佛教与西洋近代哲学的关系之前，先来概观一下日本明治时期的佛教。日本佛教与中国佛教的历史性质不同。日本佛教与中国佛教相比，其特征大致有二。其一，日本佛教拥有教团这一

① 《我之历史》1906 年 7 月 6 日之条。

由在家信徒组成的宗教组织，这也是日本佛教长期以来所造就的民众世俗伦理的具体表现，其有别于中国式的居士佛教。教团组织的存在，当然也形成了其社会及财政基础。在明治时期以降，由此催生了佛教的革新运动。其二，是在江户时期承担了部分德川幕府的行政功能。但是至明治维新之后，明治政府否定了其行政功能，佛教不得不明确展示自身之社会及精神方面的功能。这也成为了促成佛教革新运动的外在契机。

先来说一下教团，例如净土真宗教团，是在镰仓时期（1192—1333）由亲鸾（1173—1262）所创。其信仰阿弥陀佛，追求往生极乐净土，作为净土真宗的传灯，则为印度的龙树及天亲、中国的昙鸾、道绰、善导、日本的法然等信仰系统。开祖亲鸾为法然（1133—1212）的弟子。净土真宗修净土教，但并非如中国一般与禅宗并修。在日本，禅宗有另外的教团。因为教团组织为在家信徒信仰的社会基础，因此明治政府的佛教政策使之丧失了有如江户时期的政治后盾，削弱了其财政基础，与世俗伦理的关系也不似以前那样明确。在组织方面与教理方面的革新迫在眉睫。一味对佛教伦理进行论说已不合时宜，还需要意识到基督教及哲学等，来加强自身之意义。在教理方面的革新之一便是佛教开始向西洋近代哲学靠近。

其次，是有关江户时期承担部分德川幕府的行政功能。日本佛教在幕府统治之下，将民众登记为寺院的檀家（“寺请”制度）。幕府通过这种制度来禁止基督教，并确认民众的宗派，管理家数及家族构成等（“宗门改帐”）。但是，该教团方式在明治维新中崩溃。在明治初期，发生了“废佛毁释”，明治政府否定“寺请”制度，日本各地发生了排斥佛教的运动。失去幕府后盾的教团也丧失了其安定性，不得不被迫重新展示其作为精神领袖的地位。在下段中涉及的,将佛教与西洋近代哲学相关连的行为也是如此,为了创造新世俗伦理而发起的佛教革新运动也是其具体体现。

以上触及的佛教将西洋近代哲学作为其哲学基础的举动,正是随着西洋近代思想对于佛教的批判以及行政功能的消失,在教理方面进行革新运动的一环。佛教的历史研究也重新开始。章太炎所言及的姉崎正治(参看第一章)以及村上专精(1851—1929)等即为其领袖(后述)。章太炎在《大乘佛教缘起说》(《民报》第19号,1908年)中,就日本佛教的历史研究"大乘非佛说"进行了论述,同时也提及了常盘大定(1870—1945)著《马鸣菩萨论》(金港堂书店,1905年,明治三十八年),可知其对日本佛教研究也有过认真研习。

明治佛教与西洋近代哲学

并非只有章太炎将佛教与西洋近代哲学结合起来理解,日本明治时期的哲学家以及佛教徒也有此种倾向。

日本的德国观念论哲学研究,正式开始于明治二十年(1887年)前后。[①]例如中江兆民(1847—1901)将卢梭的《民约论》介绍到日本,在其《理学钩玄》(1886年)中对康德学说介绍详尽。而三宅雪岭(1860—1945)则是在哲学及文学方面造诣深厚的评论家,曾对明治政府进行过批判,在其《哲学涓滴》(1889年)中,也大幅论述了康德及叔本华等德国的观念论。最初经日本人之手正式介绍康德,为明治

① 三枝博音:《日本における哲学的観念論の発達史》第2章,文圃堂书店1934年初版(《三枝博音全集》第3卷所收,中央公论社1972年版)。

三十年代,[①]在此期间日本人论著的西洋哲学史以及概论多有流通。[②]这也说明了西洋哲学在日本知识分子的精神世界中开始普及。

如前所述,叔本华是由井上哲次郎(1856—1944)以及科培尔(Raphael Koeber, 1893—1914,在东京帝国大学教授哲学)介绍而来的。[③]井上在德国留学期间(1884—1890),曾访问过哈特曼,与保罗·戴生(Paul Deussen, 1845—1919)也有交游。保罗·戴生作为尼采的友人,同时也是印度哲学家,其《形而上学纲要》(1877年)对日本的哲学研究者影响甚大。[④]在前章中提到的姊崎的老师为井上及科培尔,而在德国留学期间的老师则为保罗·戴生。[⑤]井上在东京帝国大学讲授西洋哲学史以及东洋哲学史,在西洋哲学方面,则尤以康德及叔本华为主。井上认为,康德为"德国哲学的源流","恰似支那哲学的朱子",认为叔本华为一位"研究东洋思想,随喜、渴仰的哲学家"。[⑥]

---

① 波多野精一《カント倫理学説の大要》(《哲学杂志》第134—137号)及蟹江义丸《韓図の哲学》(《哲学杂志》第137—140号)的著述年代,为明治三十一年(1898年)。

② 例如明治二十八年(1895年)出版大西祝《西洋哲学史》、金子马治《哲学纲要》(至二十九年),明治三十至三十一年(1897—1898年)出版松本文三郎《哲学概论》、中岛力造《列传体西洋哲学小史》,明治三十二年(1899年)出版蟹江义丸《西洋哲学史》,明治三十三年(1900年)出版加藤玄智《问答体哲学小史》、桑木严翼《哲学概论》,明治三十四年(1901年)出版波多野精一《西洋哲学史要》,明治三十五年(1902年)出版朝永三十郎《哲学纲要》,明治三十九年(1906年)出版冈岛诱《最近西洋哲学史》、北泽定吉《哲学史纲》,明治四十四年(1911年)出版中岛力造《西洋哲学史十回讲义》等。

③ 《井上哲次郎自传》,富山房1973年版。井上哲次郎:《明治哲学界の回顧》(岩波讲座《哲学》,1933年)。

④ 茅野良男:《日本におけるショーペンハウアー》,(《ショーペンハウアー全集》别卷,白水社1975年版)。汤田丰:《ショーペンハウアーとインド哲学》(晃洋书房1996年版)。

⑤ 姊崎正治:《我が生涯》中《半世纪前の外国留学》,东京大学出版会1974年版。

⑥ 前揭《井上哲次郎自传》。

以康德与叔本华为核心接受西洋哲学的姿态，也与哲学移入时期明治哲学家的态度有关。而西洋近代哲学与佛教的结合，则正与此背景有关。

因此在当时，印度哲学诸派以及佛教常与西洋哲学结合起来进行论述。例如将印度古代哲学之一的数论派的物心二元论，至《大乘起信论》成为佛教的“真如”及“无明”的一元论的过程，比拟为从笛卡尔(René Descartes，1596—1650)至康德、黑格尔、叔本华、哈特曼的发展过程。并认为《大乘起信论》与德国哲学的终极同为形而上学，莱布尼茨(Gottfried Wilhelm Leibniz，1646—1716)的单子(Monad)论即为华严的法界缘起，谢林(Friedrich Wilhelm Joseph von Schelling，1775—1854)哲学恰似大日如来理知之冥合等。[①]章太炎参照康德及叔本华研读佛典，正与此明治哲学的方向有关。但是，如第三章所见，章太炎是在将概念逐一验证以后才对自己的哲学进行体系化，与日本明治哲学的方法不同。

其次，来看日本明治时期厌世观流行的社会背景。因为在流行的背景中涉及的伦理问题与章太炎的观点相重合。章太炎对厌世观的关注，不仅因为其与佛教有关，其中也有对其伦理方面的关注。

“人生的烦闷”

章太炎对叔本华等进行论述的社会背景中，明治哲学界的动向与日本的社会风潮出乎意料地密切相关。几乎在同一时期，社会开始论及人生问题，厌世观开始流行起来。叔本华的厌世观哲学以及尼采的超人说，与“应该如何活着”这一人生问题相互结合。即，这与

① 近角常观:《独逸哲学と佛教との比較》,《哲学杂志》第140—143号。

青年的自我觉醒有关。当时的青年，生于明治二十年代（1887—1896），受到了清新的浪漫主义文学的洗礼，开始把目光转向自身内心，对政治极少关心，开始怀疑人生。本来明治前期（1868—1887）的青年，对国家独立的问题极为关心，但至明治二十年代（1888—1897），则开始在与国家无关的问题上确立自我。①例如，从华严瀑布投身自杀的藤村操（1886—1903），在其"岩头之感"（1903 年）中，对自我进行了如下的表述。

> 悠悠哉天壤，辽辽哉古今，以五尺小躯测此大。霍雷肖（"霍雷肖"为莎士比亚剧作《哈姆雷特》中的出场人物）的哲学竟值何等权威？万有真相唯悉一言，曰："不可解"。我心怀此恨，烦闷终至决死。既站在岩头，胸中了无不安。始知大悲观乃通大乐观也。

在此，他以哲学的方式提及"人生的烦闷"，在无穷的宇宙与悠久的时间中眺望自我，并未直接对国家表示关心。可以说"烦闷"的原因，在于探求存在的真理却无法得知答案的精神上的苦闷，而并非政治性的原因。根据当时的新闻报道，欲前往华严瀑布自杀者，在藤村自杀的 1903 年以后，4 年间竟达 185 人（其中自杀者 40 人）。"岩头之感"，表达了明治后期青年的一种心情。

此外，纲岛梁川（1873—1907）则从宗教方向来解决人生的烦闷，在与神的关系上对自我加以认识。例如在其手记中，有如下的记述。

> 摒去邪念妄想，以清心见神想神，真乃无上美事。或自闭一室，或于林间无人处，拂拭尘思妄想，静静观想天地之神，则乃洋

① 高坂正显：《明治思想史》第 5 章（《明治文化史》第 4 卷，1955 年）。

洋神威之大盛德之洽事，宏大无边超越一切矛盾，调谐一切不调和的一大实在之我，仿佛来到意识之中。必须意识到我未意识到的小事、卑事、不足之事、诸多罪恶之事、诸多富于私我之事，匍匐在我未知之神面前，流泪祈祷。①

这里从与神的关系上，来看待"我"的卑小及罪恶深重。与藤村操同样，此处并未意识到与国家的关系。"我"在静谧的精神与邪念妄想的现实面前，被撕裂开来。这与明治前期将国家独立的问题与自身的生活方式重叠在一起的政治性的青年形成了一种对比。②明治前期的青年与政治共生，在未知自我的孤立一点上可以说是乐天派，但是明治三十年代的青年，已经失去了对自我毫无疑念的乐天性。他们从远离政治的地方，发现了孤立的"我"。

而唯物论者的加藤弘之（1836—1916），则对这股烦闷人生的风潮进行了无情的批判。他认为，近来，因对人生产生烦闷而自杀者颇多。这是一股未曾有的风潮。人生的问题，自古以来大学者们毕终生之力也未得到答案，年轻的学子岂能轻易解开此难题？与其过分担心，还不如去钻研学问。③加藤的批判自然反映了其唯物论的立场，同时，也反映了将个人自立与国家独立重合看待的那一代人的观点。

自我觉醒与厌世观

文学家高山樗牛（1871—1902），也是将青年的自我觉醒问题与

---

① 《自省录》，生前未公开刊布。明治三十年（1897 年）2 月 13 日寄给东京市涉谷鸿南的书信《神戸より》（《日本哲学思想全书》2，平凡社）。

② 内田义彦：《知識青年の諸類型》（《日本資本主義の思想像》，岩波书店 1967 年版）。

③ 《青年の煩悶に就て》，《太阳》第 12 卷第 12 号，1906 年（明治三十九年）。

厌世观相结合的一人。在其短暂的生涯当中,其思想从浪漫主义(—1895年)、日本主义(—1900年)、到超人(本能)主义(—1902年),发生了三次转变。例如在其《人生的价值及厌世主义》(1895年)中,论述了叔本华的"意志"说。[①]叔本华认为"意志"是盲目的,其主要的目的便是生活,若得不到一定的满足便会感到苦痛。对此樗牛批判说,该观点存在一个根本的缺陷,即忘记了人类本身具有理想,而幸福的泉水就在于努力向理想迈进的过程当中。将现实的苦痛转化为向理想迈进的行动,该批判显然是站在了浪漫主义的立场上。而在其向日本主义转向时所著的《论道德的理想》[②]中,也将叔本华的"意志"说作为理论的基础。即,人类从"自我活动"与"自我现化"当中寻求幸福。所有的活动乃是基于意志,因为意志也是欲望,所以留有不满。但是,完全的"自我现化",并不在于狭小的个人幸福,而在于提高社会的人格。因为人类无法独自一人来实现道德,必须在社会当中才可实现。道德的理想,并不在个人,而在全体当中。作为终极理想的"自我现化",并非是叔本华所谓的"寂静无活动"状态。浪漫主义的自我观认为自我实现是个人的幸福,而樗牛则将自我实现与整体集团结合在一起。可以说,无论是浪漫主义还是日本主义,虽然在立场上都对叔本华的"意志"说进行了批判,但同时也将其作为了理论的基础。

将厌世观与"人生的烦闷"相结合的,并非只有高山樗牛一人。前述的姉崎正治也从人生观的角度来认识叔本华与尼采。当时,姉崎欲从统一精神与物质的精神主义的立场出发,确立批判物质文明的精神

---

① 《帝国文学》第6、8号。

② 《哲学杂志》第100—103,1895年(明治二十八年)。

伦理。姉崎认为,叔本华以形而上学的形式解释了存在的奥秘,展示了现实的苦痛,而尼采,则展示了在这个苦痛的世界上努力奋斗并发挥自我真情的超人意志的尊严。但是,叔本华的意志消灭说与知识关系存在矛盾,而尼采,因其超人意志若发生膨胀则会破坏他者的意志,因此瓦格纳(Wilhelm Richard Wagner, 1813—1883)才是在个人之力的基础上,论述了"具备了安慰与至爱"及"包括大我的爱"等,对其进行了高度的评价。①虽然在自他的融合中发现救济上,姉崎正治与高山樗牛不同,但在寻求自我与他者的一体性这一点上则是共通的。

自利还是利他?——个人与伦理的问题

如此在明治后期的青年,在远离政治的地方摸索个人的自立,而其背后则有厌世观的盛行。这同时也是在摸索个人与全体的关系伦理。以自我实现为目标而不断奋斗的自己,该如何构筑与社会的关系?欲望的充足,如何作为社会伦理加以正当化?他者对于自分具有何等意义?自利是否妥当?是否必须利他?两者的关系成为了一个现实的问题。

例如文学大家森鸥外(1862—1922)的《青年》(1910—1911年),便是以青年的自立为主题的,其中一节触及自利还是利他的问题。托尔斯泰(Leo Nikolayevich Tolstoy, 1828—1910)的隐遁生活无济于事,必须要有在日常生活中不断磨炼的狄俄尼索斯(Dionysus)的气概。而且,埋头日常生活却能坚守精神自由的阿波罗(Apollo)的态度也是必要的。这才是真正的个人主义。鸥外借大村庄之助之口,对该观点如下写道:

---

① 《再び樗牛に與ふる書》,1902年8月,《太阳》。

> 总归如此费尽心思来领略“生”,就是个人主义。但虽说是个人主义,还存在您所说的利己主义与利他主义的分歧。利己主义方面代表了尼采背德的一面,如谋求权威的意志。人与人相互如此,则会成为无政府主义。如果将其看作个人主义,则无疑是个人主义之背德。而利他的个人主义并非如此。我坚守这个城郭不妥协一步,来领略人生的种种。对君主则尽其忠义。但是作为国民的我,并非以前那杂乱无章时代的所谓的臣妾。虽然对双亲尽孝,但是身为人子的我,并非以前可以随意卖子杀子的那一个时代的奴隶(《青年》二十)。

在此,他论述了在确保个人精神自立的同时,也与他者相关的利他的个人主义。正因如此,虽然同为个人主义,尼采的态度才被认为是偏向了利己主义。

对于自利还是利他的问题,旧的伦理已无法回答,而新的伦理尚未诞生。尼采极端的自我主张以及叔本华自他融合的志向,在此夹缝当中被接受下来。所谓自我觉醒,正是指摸索如何构筑自我与他者的关系以及其关系伦理的。本来强调自我的自由决定及活动性,是浪漫主义的表现。而明治二十年代萌发的浪漫的自我,可以说是在甲午战争之后国家主义日益高涨、产业化不断发展过程当中与社会对立,并对其关系伦理进行了探索。厌世观,正是如此流行起来的。

但是,需要注意的是,这与章太炎在浪漫的自我,以及在摸索自他的关系伦理方面相通(参看下节以及第三章第三节),但在非政治性上则相异。正如章太炎所说的,通过佛教建立宗教的理由,是为了恢复已经颓废的道德以建立果敢的政治主体(《答梦庵》,上节),其关于主体的问题意识极具政治性。

第二节 “自主”思想——自利还是利他?

叔本华的启发

本来叔本华认为,在世界的根柢存在毫无目的且冲动的“盲目之意志”。该“意志”作为一种实在,是存在于万物之中的形而上学原理。“意志”并非仅限于人类,也存在于自然界中,是万物的基础。人类被无限的冲动所支配而不断追求欲望,永不满足。人生充满苦痛,只要“意志”不灭,人类就无法得到幸福。因此,他在“意志”的否定以及对他人的“共同感情”中谋求救赎。所谓“意志”的否定,即是东洋式的苦行及解脱,所谓共同感情,是将他人作为自己分身而发出的,一种内发的慈爱。

那么,叔本华的哲学究竟与章太炎的思想有何关联?在《民报》时期,章太炎将佛教的唯识学作为思想的根基。所谓唯识学,即指世界所有的存在,是通过心的根本——“阿罗耶识”的转变而生,并将对象认识作为“妄分别”,来究其构造。章太炎将唯识学的概念“种子”(藏于“阿罗耶识”中产生现象,是迷惑人的根本原因)与叔本华的“意志”相结合。而且,章太炎的“自主”思想,也与叔本华的共同感情论有关。

首先来看其与“意志”说的关系。章太炎于1906年6月出狱来到日本。7月,在东京锦辉馆为其举办欢迎会上,章太炎面对2 000余听众演讲说:

> 康德所说“十二范畴”,纯是“相分”的道理。索宾霍尔所说“世界成立全由意思盲动”,也就是“十二缘生”的道理。①

① 《演说录》,《民报》第6号,1907年。

认为一切存在是根据因缘而成立的佛教观点，类似于叔本华的“意志”说。将佛教与西洋近代哲学相互类比的方法，并非章太炎固有，一如前述，这也是明治哲学的心态，只是以现代哲学方式对传统思想进行了解说而已。

此外，章太炎在《四惑论》(1908年)中也说：

> 若夫有机、无机二界，皆意志之表彰，而自迷其本体，则一切烦恼自此生，是故求清凉者，必在灭绝意志，而其道始于隐遁。

《四惑论》批判了当时处于支配地位的公理、进化、惟物、自然等四个观念，为章太炎的代表论文之一。文中言明世界一切存在为“意志之表彰”，烦恼的“解脱”(“清凉”)为“灭绝意志”所致等，将佛教与叔本华相互关联。在《四惑论》的其他部分中，章太炎还认为，“自性”(存在中固有的本性)为“待人之原型观念应于事物而成”。用“原型观念”这个词语对世界与“烦恼”的根源进行了现代风格的说明。“原型观念”这个词语，在《齐物论释》(1910年)中，是与“种子”以及“阿罗耶识”一样重要的概念，[①]如前所述，该词语来自姊崎正治(参看第一章第三节)。

章太炎对叔本华的关心，或起于因“苏报案”而入狱的时期。章太炎当时结合佛教对叔本华进行研读。他回忆自己在读魏译的《密严经》及《楞伽经》时，曾结合康德及叔本华一并进行了研读。[②]而且在其狱中书简中，也论述说，康德的“事前之识”为佛教的“能见”，而

---

① 《齐物论释》第一章“天籁中吹万，喻藏识，万喻藏识中，一切种子，晚世或名原型观念”，《全集》(六)，第65页。

② 《太炎先生自述学术次第》。此外在《菿汉微言》末尾也说：“既出狱，东走日本，尽瘁光复之业，鞅掌余闲，旁览彼土所译希腊德意志哲人之书，时有概述邬波尼沙陀及吠檀多哲学者，言不能详。”

"事后之识"则为"能现"。叔本华的"认识充足主义"的"先论理之真理"与"先天之真理"均相当于"能见"。正是得益于此二位哲学家的论述,才首次明确了佛典的含义。[①]所谓"能见",是由于"根本无明"(发动差别对立之念的,为烦恼的根源)所引起迷惘的境位,为认识对象之心(主观),所谓"能现",即为与"能见"同时发生的对象认识(客观)。

叔本华的哲学,对于章太炎而言,成为了其以现代方式解释佛教的一种媒介。

"自主"思想与浪漫之自我

在"意志"说以外,叔本华哲学也影响到了章太炎。章太炎曾思索过自己与他人的关系伦理,故叔本华的共同感情论,从理性方面对其形成启发。可以说,共同感情论在理论上对章太炎"自主"思想进行了进一步的完善整理。但是,对于此点,迄今完全未受关注。

所谓"自主"思想是指,如何与他人构筑伦理的关系,完全取决于该人的自主选择,因此,不能以集团性为理由而剥夺个人的自主选择。这也是章太炎思想的核心所在。

> 若其以世界为本根,以陵藉个人之自主,其束缚人,亦与言天理者相若。(《四惑论》)

章太炎认为,人并非是为了世界,为了国家,为了社会而生。因为人对于集团而言,并无本源的关系性,因此并无对他的责任(《四惑论》)。章太炎从该人类观的立场,对公理进行了批判。公理观以世界及社会为根本,以扶助他人为绝对规范,以自杀为违背公理。以前

① 道载文,前揭论文,以及章太炎《读佛典杂记》(1905年)。

是儒教的天理作为一种规范而抑制了自然的人情，但如今，公理则是以“为社会而生”为理由而将人压抑，其严重程度尤甚于天理。公理束缚了人性，践踏了“个人的自主”，章太炎如是进行了驳斥。在章太炎而言，“人本质独来独往，并非为他人生存”。所谓“自主”思想，是从孤立的个人的观点，主张尊重个人的“自主”选择。因为其重视个人的自由决断，可以说是浪漫之自我观。浪漫主义，并不一定都伴随有伤感的情绪。[①]浪漫之自我，在论述个人的自由决断以外，还在历史中发掘民族感情，以自他融合之境地为目标，不断进行活动(参看第三章)。

但章太炎也并未无视社会。正如其所说的：

> 人类所公认者，不可以个人故陵轹社会，不可以社会故陵轹个人。(《四惑论》)

章太炎认为个人与社会的关系是相互不可侵的。后章还将详述的是，章太炎认为，在与他人交涉之际，最为重要的是内发性的对他感情(指所谓的共同感情。章太炎表达为“隐爱之念”、“恻隐之情”等)。拒绝以非人的态度对待他人，而是以我之分身来接受他人的苦恼并加以拯救。该行为不计报酬且大公无私，植根于内发性的感情。这也是“自主”思想的另外一面。很明显，“自主”思想，并非只是在主张个人的绝对性，而是在探讨个人与社会之间的关系伦理。

在此，先来看“自主”这一汉语词汇的由来。“自主”一词，自古即用于一般语意，编于18世纪初期的诗文语汇集《佩文韵府》中并未收

---

① 浪漫主义概念的多义性，早有论者指出。参看施密特(Carl Schmitt，1888—1985)：《政治的ロマン主義》，みすず书房1970年版。

录，可见在当时并无特殊语感。此外在最近编写的用例较新的《汉语大词典》中，则举出《聊斋志异》及章太炎的《驳康有为论革命书》等例子。另外，在《新尔雅》(1903 年)这一清末的新语辞典中，虽有“自由”一词，但也未见有“自主”一词。①而在裨治文(Elijah Coleman Bridgman，1801—1861)著《联邦志略》(1857 年)中，“freedom”及“liberty”的译语，则使用了“自主”、“自立”等词。只是，在未理解“liberty”观念之前，当然“自主”一词也无法得到普及。

在日本明治时期的日语中，如维塞林(Simon Vissering，1818—1888)著西周译《万国公法》(1866 年)中有“特立自主ノ权”(一、三)以及“人身上自主ノ权”(二、绪言)等的用法，在加藤弘之(1836—1916)《立宪政体略》(1868 年)中“国民公私二权”的“私权”一项中，还有“第二自身自主の権利”等。这些当为最早的用例。此外，早期用例还有，小野梓(1852—1886)《国宪汎论》(1882 年)第八章《民人の自主を约論ず一》等。均指个人的身体及财产所有等权利之意。在赫本(James Curtis Hepburn，1815—1911)著《和英・英和语林集成(第三版)》(1886 年)中，将“Jishu 自主”解释为“Being one's own master; free; independent”，将“liberty”译作“jiyu; jizai; jishu”。

由此可见，在日本明治时期，“自主”一词被理解为具有“liberty”及“freedom”等语感的自由主义之性质。而章太炎则将“自主”一词用于在法律性私权的含义之前，世界上绝对不受侵犯的自我之根据。该用法应当是受到了日本书籍的启发。

---

① 《新尔雅》(上海明权社 1903 年版)，为仿拟古代辞书《尔雅》体裁而编撰的新语辞典，从政治、经济、社会、教育、自然科学等 14 个领域，对明治时期新造的词汇汉译并加以解说。

自利还是利他

与明治思潮同样，章太炎的“自主”思想也在探索个人与社会之间的关系伦理。当然，在具体认识上与日本有异，且当时中国所处的社会状况与日本也不尽相同。但是，清末思想吸收了叔本华的“意志”说及共同感情论，也开始摸索新的社会伦理。

明治三十年代厌世观流行的背景，是社会产业化的发展及国家主义的抬头。面向产业化的大潮，社会发生巨变，物质在生活中的意义增大，于是开始出现了肯定个人欲望的市场社会。欲望与竞争，在社会上引起轧轹。是为自己工作？还是为他人工作？对于自我，何为他人？摸索自他的关系伦理而厌世观流行的背景中，存在巨大的社会意识的转变。

但是，章太炎所直面的课题，是寻求新型国家的中坚分子及其伦理。他所重视的，是为了建设新型国家而无私行动的个人，并非如日本一样，是拒绝国家主义而坚守精神独立的个人；或是在产业化社会中，开始对自我与他人关系感到困惑的个人。当然，也并非是如西洋成熟的市民社会中的个人。市民社会，正如黑格尔所指出的，是一个欲望的体系。市民社会中的个人，在与他人的分工、交换关系中来充实欲望，而非否定欲望。为此，他借用了叔本华的共同感情论及佛教的无我说，论述了欲望的节制问题(《内圣外王》。参看第三章)。虽说是重视个人，但章太炎并未如市民社会一样对欲望直接加以肯定，也未赞同与国家保持距离而坚守精神孤垒的个人。

如此可见，所谓“自主”思想，为了节制欲望构筑新的自他关系伦理，则主张个人从集团的自立。仅强调“自主”中个人从集团自立的一面，认为“自主”是西洋的个人主义或独我论式个人的观点，是一种误解。无论是在明治时期的日本还是清末的中国,均流行探讨自利还是利他的问题,但是,章太炎并未单纯对自利及个人主义称善,而是拒绝公理及权力对相互扶助的强制,"自主"地选择了节制欲望及融合自他。为此,章太炎需要对他人情感关怀,在此点上,他受到叔本华《道德学大原论》的启发,自利与利他的关系伦理,最终在《齐物论释》中总结成为"内圣外王"(参看第三章)。

牧歌式的社会

公理反对隐遁及自杀,认为这是在放弃对社会的责任。而章太炎则基于"人本独生,非为他生的立场"反驳道:

> 然细胞离于全体,则不独活,而以个人离于社会,则非不可以独活。衣皮茹草,随在皆足自存,顾人莫肯为耳。夫莫肯为,则资用繁多,不得不与社会相系。(《四惑论》)

那么,章太炎究竟构思了怎样的社会,来作为自立的个人之生存环境?是充满活力的产业化社会?还是封闭的自给自足社会?章太炎所构想的,是一种以农业共同体为基础的田园牧歌式的新型社会,是一种以自然为对象、以农业经济为主的静态社会,而并非是以技术革新为基础、经济活动活跃的动态社会。当时,日本在发展产业化的同时也产生了贫困问题。但是,章太炎所重视的,并非是市场社会化所引起的经济上的弊端,而是由于肯定欲望之风潮所引起的伦理堕落问题。他曾对士人追逐富贵利禄的问题进行过批判。因此,他所构思的,是为了建设新伦理的非产业化的社会。因为产业化将解放欲望。同样是论及个人问题,叔本华及尼采是以成熟的产业社会为前提,而姉崎正治及高山樗牛则是在产业化及国家主义抬头的背景下的,与章太炎都不同。

进一步具体来看，章太炎对代议制持批判态度（《代议然否论》），因为大地主及富人最终成为议员并支配议会。因此，章太炎所构想的替代议会制的政治社会（他将其称为“谛实之共和”或“奇觚之专制”），则如下图所示：

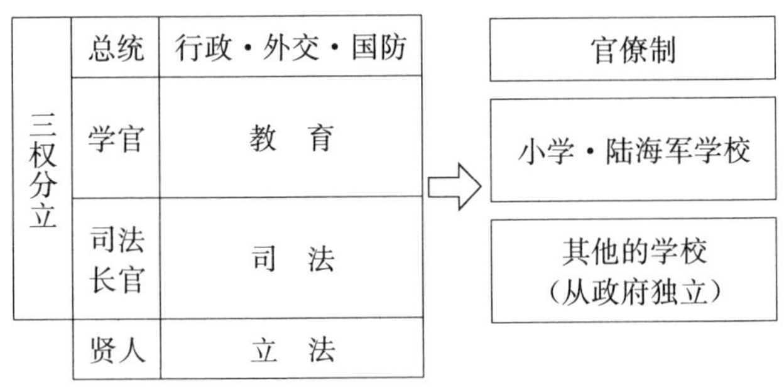

谛实之共和制社会

新型社会是指，由总统、司法长官、学官等三权运作，相互独立之意。总统负责行政、外交、国防，司法长官负责司法，学官则负责教育。立法，由精通法律、通晓历史、熟知民间利病等三方面人才制定，而并非是在制度上吸纳民意来立法。因为，如果由上而下制法，则会偏向拥护政府，由下而上制法，则会偏向拥护富民。而且，如果存在政党，则会发生政治腐败，知识分子的节操也会趋于衰败。即，虽为三权分立体制，但并未将权力集中于总统。因为在中国，知识分子曾参政并组建徒党（也作“朋党”），并因政治的利害关系而左右客观公正的言论及知识。章太炎对朋党极为厌恶。①此外，为防止总统大权

① 拙稿《章炳麟における実证の问题—西洋近代的知识の意味—》，《中国学の十字路》所收，研文出版 2006 年版。

在握随意支配官僚,因此将司法权从政府独立,来牵制总统以防徒党化。教育方面,仅小学与陆海军学校隶属政府,其他均独立于政治,以保持学问及知识的公正性,防止在中国历史上常有的政治与学问结合的弊端。在该代替议会制的社会中,民众在平时无法选举议员。选举仅限于战争或紧急状态时。平时不进行选举,是为了避免选出地主及富人,而农民平时也与政治无关。在所谓贤人所制定的法规范之下,由总统及官僚负责行政以及外交等。①特别需要注意的一点是,章太炎将法作为了统治的标准。将法看作统治的标准,意味着将法作为放之四海皆准的普遍准绳。包括统治者(总统及官僚)也将适用于法。法一向被认为是统治万民的工具,而章太炎的看法则不同。对中国法制,章太炎还有过其他的论述。②

由此可见,该社会也可以说是道家思想家老子所提倡的"小国寡民"的现代版。老子将少数民众组成的小国描述成为一个理想的国度。社会和平,民众不四处迁徙,而满足现状(《老子》第 80 章)。在战国时期的战乱之中,自给自足的封闭型农村共同体曾被奉为理想,而章太炎也面对产业化及国民国家这一现代化潮流,描述了上述的静态社会。虽否定了代议制,但也设计出了现代形式的诸多制度。例如,官僚论资排辈而进行升职,既有专业性,地位又得以保证,总统

---

① 《代议然否论》,《民报》第 24 号,1908 年。

② 《五朝法律索隐》,《民报》第 23 号,1908 年。拙稿《章炳麟〈五朝法律索隐〉の历史的位置》,《中国研究集刊》號号(总 56 号),2013 年;《章炳麟の中国法に対する評価(上)—〈五朝法律索隠〉の視点—》,《中国研究集刊》闕号(总 58 号),2014 年;《章炳麟の中国法に対する評価(下)—〈五朝法律索隠〉の視点—》,《中国研究集刊》珠号(总 59 号),2014 年;《章炳麟〈五朝法律索隐〉とその周辺—礼と法の見方をめぐって—》,《中国研究集刊》称号(总 60 号记念号),2015 年。

也无法随意支配。这里所指的官僚，应当并非是具有儒家教养的官僚，而是指现代的专业官僚。此外，还设立官营工厂以解决贫困问题，建立政策以防官商勾结，还有对总统的反抗权，民众集会、言论、出版的自由，不受拘禁的自由等自由主义原则，同时，还涉及国民教育及国家财政的公开等内容。凡此种种，皆为了防止官僚腐败，防止地主富人等地方权贵以权力压制民众。之所以如此，正是因为在中国历史上，存在有官僚腐败及官职利权化等现实问题。新型社会虽然具有自由主义的特征，但在经济方面，产业化还仅限于官营工厂的规模，农业仅限于自耕农，畜牧业及林业也是仅允许直接从业者自营。因为，章太炎并非是从营利性的观点，而是从人生及伦理的观点来认识经济活动，即使允许用于维持生活的经济活动，在伦理上也无法允许商业及产业的牟利。当然，也顾及中国自给自足型农业社会的现状以及政治社会的历史。因此，其认为，人应该抑制欲望，努力升华精神层面(参看第三章)，并未考虑通过欲望及竞争来激活经济活动。章太炎在《无政府主义序》(1907年)中，也对产业化所产生的竞争表示了反对。他在构想新社会之际，比起促进经济活动，更为重视的是如何防治权力的腐败，以及如何确保民众的自由。一个抑制权力又重视伦理的社会，只会是一个极其静态的社会。这便是章太炎所构思的“自主”人类的生活空间。

通向“无”的彼岸——浪漫、反讽

章太炎构思了如上一个极具中国特色的新型社会，并将革命后所成立国家的国号定为“中华民国”，还进行了领土的划定(《中华民国解》,《民报》,第15号,1907年)。但是在另一方面，又论述过具有反讽性质的“五无”。所谓反讽，是因为现实的处方已经散落在了历史的彼岸。

所谓“五无”，是在历史潮流中将五个迷惑归之于“无”的观点（参看前章）。也即是，无政府、无聚落、无人类、无众生以及无世界。首先，在民族主义的基础上将政府归之于“无”（“一无”）。因为只要政府存在，斗争就不会停止。而且，只要聚落存在，终将会成立政府且产生争执，因此聚落也必须归于“无”（“二无”）。聚落即使消失，但是只要人类存在，就不会停止争执，因此人类也必须归于“无”（“三无”）。而人类是经过进化而来，如果不消除“众生”，最终还是会进化为人类，一切又会周而复始。因此，在“三无”的同时，还必须消除“众生”（“四无”）。然而，物质世界看似实在，实则为迷惑，悟到世界并不存在才至为重要（“五无”）。①无政府（“一无”）与无聚落（“二无”），为政治与社会层面的“无”化，无人类（“三无”）以下，则为存在层面的“无”化。特别是第五之无世界，即是只要物质世界存在，人们就会领悟的意思，并非是要消灭物质世界。所谓“五无”，是将有关政治机构及生活体制的外在问题与领悟存在之束缚这一内在问题相结合。（参看《五无图》）为批判代议制而构想的“小国寡民”的共同体（“谛实之共和”社会），在无村落阶段并非随产业化向都市化发展，却是更为加强“小国寡民”之静态。有关消除该政治社会构造及领悟存在的束缚的论述，与章太炎后来提倡的“内圣外王”具有相同的构造（参看第三章）。但是，反观“五无”，章太炎所构想的新型社会也会在历史悠久的潮流当中消亡，按照无政府、无聚落的顺序，具体社会的存在体制逐步消亡，最终达到存在之领悟这一终极境界。

① 《五无论》，《民报》第16号，1907年。

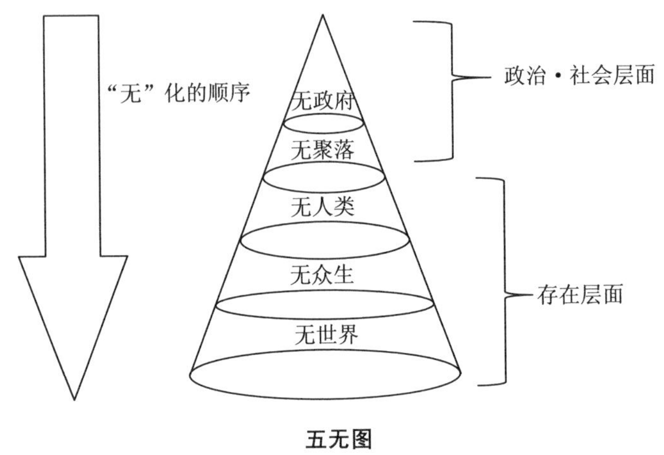

五无图

这无疑是要在历史的彼岸将斗争这一现实的丑恶进行消毒处理。或者可以认为,是要将丑恶的现实,通过存在之哲学论,以浪漫之反讽(romantic irony)形式加以拒绝。章太炎所谓的存在之领悟,经过了在救济苦难之人的"菩萨行"当中不断直观,而并非只是在历史中客观远望。这是与国家或聚落等客观实体不同层次的一种心态。尽管如此,章太炎依然将其与其他几项并列归之于"无"。可以说,这是浪漫之自我对丑恶政治的抗议,是一种将现实中的压迫无力化的反讽表现,①章太炎从未考虑该五项"无"能否实现的问题。在当时,其佛教性质的论述曾被批判为"不宜作佛声也",受到了一些无法理解浪漫之反讽的政论家反对。

如上所述,"自主"思想在引入了新自由观念的同时,又保持了中国特色。即与法律意义上的"私权"不同,而是带有东洋特色,成为新

① 施密特前揭书,《绪论》,《Ⅱ ロマン主义精神の構造》。

构思的静态社会的理论根据。通过日本明治思潮摄取的“自主”观念，经过章太炎思想的独创赋予了浓厚的中国特色。

以下，来讨论叔本华著中江兆民译的《道德学大原论》。对章太炎而言，该书在反功利主义与共同感情论（中江兆民译作“恻隐之情”）两点上，充满了理性的启示。

第三节 《道德学大原论》与共同感情论

叔本华著中江兆民译《道德学大原论》

《道德学大原论》，是根据比尔德（A. Burdeau）所译的叔本华著《伦理学的两个根本问题》（1841 年）中第二篇《关于道德的基础》的法语译本，由中江兆民重译而来。一二三馆于 1894 年 3 月出版了前篇，又于 9 月出版了后篇。当时，正好是明治年间开始正式介绍叔本华哲学的时期。①

章太炎在《答铁铮》（1907 年 6 月）中曾言及叔本华曰：“故叔本华将功利主义及利己心看作为伪道德”，并在其原注中举出了《道德学

① 《道德学大原论》，据《中江兆民全集》第 9 卷（岩波书店 1984 年版）。1893 年（明治二十六年）《シオッペンハワー氏の女子論》（《哲学杂志》第 73 号），松本文三郎：《シオッペンハワー氏国家哲学》（《哲学杂志》第 78—82 号）；1894 年（明治二十七年）松本亦太郎：《ショッペンハワー氏宇宙問題解释論》（《六合杂志》第 163、164 号）；1895 年（明治二十八年）科培尔（Raphael von Koeber，1848—1923）：《ショーペンハウアーノ意志ニ就テ》（《哲学杂志》第 99 号），高山樗牛：《人生の価値及び厭世主義》（《帝国文学》6 月，8 月），姉崎正治：《ショペンハウエルの性行（正）（承前）》（《哲学杂志》第 103、104 号）；1896 年（明治二十九年）松本文三郎：《シオペンハワー哲学提要》，1897 年（明治三十年）米山保三郎：《シオペンハワー氏充足主義の四根を論ず》（《哲学杂志》第 125、126 号），冈野义三郎：《形而上学的根本主義としてのショーペンハウアーの“意志”を論ず》（《哲学杂志》第 127—129 号）；1898 年（明治三十一年）に姉崎正治：《非理性主義の観念論—吠檀多とショペンハウエル》（《哲学杂志》第 135 号）等。

大原论》的书名。在《亚洲和亲会约章》(1907 年夏)中也用到了“西方的旃陀罗的伪道德”一语,可知章太炎在 1907 年春季已经读过该书,并开始关注叔本华的伦理说。晚清之人关心政治或哲学已属罕见,因此,章太炎对哲学的高度关心本身即值得关注。况且在当时,也只有王国维对叔本华作过一些简要的介绍,所以,章太炎的倾倒更为醒目。那么,他为何如此关注《道德学大原论》?

叔本华伦理说

叔本华的伦理说,是对康德伦理说的批判。美国的社会哲学家米德(George Herbert Mead, 1863—1931)认为,康德的伦理说包含两个方面。[①]一个是从纯粹形式方面,另一个是从责任性及道德性上来认识自我。康德对于形而上学认识的成立根据与伦理实践同时探求,此即是其得出的结论。之所以在自由的问题上涉及道德与责任,是因为个人是根据其自由意志,选择自身之目的及实现目的之手段,然后付诸行动。德国的社会哲学家及社会学家齐美尔(Georg Simmel, 1858—1918),曾对该自由与责任进行过考察,并认为 18 世纪最为强调自由。其政治形态为法国革命,情感形态为卢梭,哲学形态则为康德与费希特(Johann Gottlieb Fichte, 1762—1814)。18 世纪之自由,绝对基于自我本身,是具有责任感的人格的自由。[②]

叔本华之所以论述“道德之基础”,是因为其关系到现代市民的自由意志与责任这一根本问题。章太炎将西洋近代的道德批判

---

① 米德(George Herbert Mead, 1863—1931):《西洋近代思想史》第 4 章,讲谈社学术文库,第 152 页。

② 齐美尔(Georg Simmel, 1858—1918):《社会学の根本問題—個人と社会》第 4 章《十八世紀および十九世紀の人生観における個人と社会》,社会思想社 1967 年版。

为“伪道德”,应当是受到了叔本华批判康德伦理说为功利主义的启发。中国的发展阶段,不但不是市民社会,产业化发展也极为薄弱,可是,明治三十年代介绍叔本华的风潮,刺激了正在探索革命道德的章太炎。因此,章太炎在论述“自由”时,也以隐遁及自杀为例言及了“自主”与责任,该议题正是立足于《道德学大原论》而展开论述的。

那么,章太炎又是如何受到《道德学大原论》的影响?以下即从(1)道德之基础,(2)共同感情,(3)责任与自杀等三点进行分析。并且,为了获知该书对于章太炎的影响,将原样采用中江兆民的译文。

道德之基础——反功利主义

叔本华对康德的伦理说进行了如下说明。康德认为“道德之根基”(以下,均采用中江兆民译文),是基于人生来具有的“良知”,因为人皆有“道心”(道德心),所以可以说善行是“道德之命令、道心之率引”的结果。但是康德之道德,终归只有“利己之旨义”。因为,康德所谓的“道德之法令”,归根结底是发自我们的“利己之私念”。虽然“仁”与“义”相当于康德所谓的“道德之法令”,但是在施与他人“仁”与“义”时,已经在期待能够得到他人的回报。此“利己之心”,是为了求生避苦的心情,除“歆艳之心”及“妬害之心”无他。故“利己之心”为恶之根源。其与智慧共同成长,与思想共同前进,在天下众人之间造出了“一大濠沟”。在救助困难之人时,根据康德说,是感受到道德重任而不得已的救助,可是救助他人,本来是受“恻隐之情”(sympathy)驱使不得已才如此。此感情才是防止“人类之大患”的“道德之真基”。①

① 中江,前揭书,第1、6、7、14、16、18节。

叔本华批判说，康德伦理说具有功利主义的性质，其基础为“利己之心”。因为在行为之中，无意识地谋求他人报恩，或避开苦痛，或羡慕嫉妒他人。对此，叔本华在道德之基础上增添了人与自然的共同情感“恻隐之情”。很明显，中江兆民所译的“良知”“道心”“利己之念”“恻隐之心”“歆艳之心”等汉语影响了章太炎。正如他曾论及以佛教祛除“怯懦心”“猥贱心”（《答梦庵》），认为以革命道德克服利己心至关重要，救助他人之苦难，应当基于内发情感。

“恻隐之情”——与他人的共感

叔本华于共同感情中寻求道德之基础。所谓共同感情，是在自他关系上对他人自然发生的感情。这与中国思想上的“恕”或“恻隐之情”相似。齐美尔认为，虽然同为厌世论者，叔本华与尼采在共同感情论上具有区别。尼采排斥共同感情，而叔本华却在论述基于共同感情的利他行为。[①]据德国哲学家马克斯·舍勒（Max Scheler，1874—1928）云，近代西洋常常论及共同感情论。[②]卢梭及叔本华等，即为论述共同感情的思想家。在明治时期，也因与社会进化论的关系，共同感情论较为流行。[③]章太炎在接触《道德学大原论》之前，已

---

① 齐美尔：《ショーペンハウアーとニーチェ》第6章，《ジンメル著作集》第5卷，白水社1975年版。

② 舍勒（Max Scheler，1874—1928）：《同情の本質と諸形式》之《第二版序言》（1913年初版，《マックス・シェーラー著作集》第8卷，白水社）。本书中除他之外，还举出夏夫兹伯里（Third Earl of Shaftesbury，1671—1713）、休谟、亚当·斯密（Adam Smith，1723—1790）、斯宾塞（Herbert Spencer，1820—1903）、亚历山大·拜恩（Alexander Bain，1818—1903）、达尔文（Charles Robert Darwin，1809—1882），哈特曼（Karl Robert Eduard von Hartmann，1842—1906）、柏格森（Henri Bergson，1859—1941）。

③ 据姉崎《再び樗牛に与ふる书》，同情在当时被视为重要的概念。其他还有近藤裕树：《明治期におけるダーウィン進化論と“同情”概念の受容》，《文化史学》第59号，2003年。

经开始关注共同感情(详后述)。

叔本华对于利己心与共同感情进行过如下论述。所谓真正的道德行为,是为他人图利避害。我为他人图谋利益,是因为我与他人暂为同一体而消除了彼我的"隔阂"。平常我与他人之间存在巨大隔阂,但在成为同一体时,则隔阂不复存在。"恻隐之情"消除了彼我的隔阂。即我以他人的忧苦为自己的忧苦,而我的精神也与他人紧密结合,因而消除了彼我的隔阂。"恻隐之情"必须发于自然,而非强制。因此,"利己之心"使人相离,而"恻隐之情"则使人相合。"恻隐之情",在伦理学中至为重要。然而康德所谓的"道德之法令",是在做事之前所发出的一种命令,而非基于内发的"心性自由之理"。①

齐美尔认为,叔本华否定了绝对人生之目的,将意志替代理性而置于世界的根本,因此,对叔本华而言理性之命令仅为义务,颇不自然。较之理性之命令为义务,"恻隐之情"即是自然共感,与他人一体,同感于他人的苦痛。

中江兆民的翻译

在《道德学大原论》中,中江兆民将彼我的一体感翻译如下:

> "恻隐之情",在不加害他人的意义上相当于"义",在怜悯他人之痛苦忧患的意义上相当于"仁"。或多少或异同,现象世界如此千差万别之相,不过是"宇宙(Space)"及"永劫(Time)"所生出的"幻影"。"若一日摆脱肉体之束缚而反观之,则可知天地万物皆与我为一体。是即物之实相也。""万物一体之理又为恻隐

① 中江,前揭书第6、9、10、16节。

之心的本原。”善人“以天地万物为一体而以他人之身为己身。故一旦见他人痛苦时便会进而救之不顾己身”。①

如此，中江兆民将叔本华所说的彼我之一体感翻译为中国思想的“万物一体之理”，即庄子所谓的“天地与我并生，而万物与我为一”，王阳明也强调过此观点。中江兆民将叔本华的思想内容与庄子及阳明学的万物一体说重合在一起，而且其文章格调高雅，对章太炎影响颇深。中江兆民曾求学于乡里的阳明学者奥宫慥斋，读过《传习录》及《王阳明全书》，向来对阳明学不拘泥于儒教“章句・仪式”之弊害评价较高，认为是“专事功而富活气”的实践思想。②因此，自然在翻译中使用了“万物一体之理”的阳明学用语，显然，“恻隐之情”及“利己之心”等汉语，切实地触动了提倡为革命无偿牺牲的章太炎之心弦。可见中江兆民译《道德学大原论》所起到的作用十分巨大。

章太炎的共同感情论

那么，章太炎如何看待与他人之关系？在其论及“自主”思想时，曾有如下论述：

吾为他人尽力，利泽及彼，而不求圭撮之报酬。此自本吾隐爱之念以成，非有他律为之规定。③

他认为，利及他人，应该听从发自内心“隐爱之念”而进行“自主”

① 中江，前揭书第17、18、22节。

② 《兆民居士王学谈》，1895年(明治二十八年)，《中江兆民全集》第17卷《杂纂》所收。兆民的儒学之师，除奥宫以外，还有冈松瓮谷与高谷龙洲，冈松为阳明学者三岛中洲及帆足万里的弟子。

③ 《四惑论》，《全集》(四)，第445页。章太炎在“非有他律为之规定”中用到“他律”一词，该词为姉崎正治的新造词语(姉崎《わが生涯》中《外国书之翻译》)，此外姉崎在《印度宗教史考》(1898年，明治三十一年)中，还有基督教的“他律道德”及康德的“自律的道德”等表述(第278—279页等。《印度宗教史考》为章太炎常读的一部著作)。

选择。该“隐爱之念”，明显与中江兆民所译的“恻隐之情”重合，而“他律”则相当于康德式的“道德之法令”。此外，在《四惑论》的进化批判部分，章太炎还使用了“悲性”一语。

> 独以人类同根，必不忍他人之冻饿，乃率由悲性以为之，而非他人所能强迫。①

此处也论述了“悲性”这一共同感情基于人类根本的一体性，以及他人不能规范强迫救济行为。章太炎之所以尊重“自主”而拒绝公理的强制，正是因为他更为重视基于内发情感的利他行为。此处所强调的“自主”，乃是与“悲性”为一体之“自主”，而并非仅为个人之自由。章太炎将基于该情感的利他行为称为“任侠”（《四惑论》②），而且，在此之前也曾提倡过任侠的行动。③

章太炎的共同感情论，萌发于《民报》时期之前。例如在《訄书》初刻本（1900 年）中，曾以“隐哀”一词进行过论述。

> 是以孔子贵仁。其术曰，积爱为仁，积仁为灵。夫灵，何眩谲奇觚之有？以其隐哀。人偶万物，而视以己之发肤。发肤有触，夫谁不感觉？是故其疴养则知之，其怖怒哀喜则知之，其微声如蛢如蟋蟀则知之。（《独圣上》篇）

章太炎认为革命者应当以无私感情利他。因此，可以说在受到叔本华的启发之后，原来的“隐哀”观念，逐步发展成为了“隐爱之念”以及“悲性”。

由此明确可知，章太炎曾注目于叔本华的共同感情论。此点从

---

①② 《全集》（四），第 450 页。

③ 参看前揭拙稿《章炳麟における「我」の意識—清末の任侠（Ⅳ）—》。

其“如孟子、路索、索宾霍尔，皆以恻隐之心立极，诚非夸诞”（《五无论》）的论述中，[1]也可得以证明。因为在《道德学大原论》中，将卢梭作为了共同感情论者。[2]而在清末，卢梭一般被认为是民权论者，极少被视作共同感情论者。章太炎不但吸收了叔本华的“意志”说，也吸收了其共同感情论。此二说，最终以独创的形式大成于《齐物论释》中（参看第三章）。

自杀与责任——与“自主”的关系

章太炎在展开“自主”说的同时，也触及了社会的责任（参看第二节）。因为若要论及孤立个人的“自主”，必然会衍生出对社会的责任问题。个人无法独存，那么，如何处理与他人的关系？责任的问题，实则为与他人的关系伦理问题，在哲学上与自由意志有关。因为责任是自发行为的结果，是不得已而肩负的。章太炎以隐遁及自杀为例论述了与个人的责任问题。

章太炎从孤立的个人的观点，论述说人在本源上并无对他责任（第二节）。因为，“责任者，后起之事。必有所负于彼者，而后有偿于彼者。若其可以无负，即不必有偿矣”（《四惑论》）。[3]个人仅在互惠关系当中而与他人缔结关系。因此，若生活在孤立的自给自足状态中不发生互惠关系，则不会产生责任。当然，章太炎并不否认与他人的关系本身。但是章太炎认为，该关系本来应该通过内发性的共同感情而缔结。若强调个人的“自主”，尊重自由意志，则不会产生责任。责任产生于授受关系之中。此便是章太炎的基本观点。

---

① 《全集》(四)，第436页。

② 中江，前揭书第19节。

③ 《全集》(四)，第444页。

叔本华反驳了康德之人具有责任的论调。他认为,康德所谓的责任,是相互拘束的双务关系,即成立于"reciprocity"(中江兆民原注:"相互"之义)之上。我之所以对他人担负责任,是因为期待他人也对我担负责任。可以说此种责任,正是基于"利己之念"。人为实现目的而选择手段是因为"利己之念",于康德所谓的责任也同样。在"利己之念"的基础上相互谋求恩惠,因而产生了责任,这便是契约。但是善行本来发于"恻隐之情",因此善行并非责任。人遵从自己的意志而生活,甚至有权力选择自杀。[①]责任发生于双务关系之中,基于"利己之念",并与"恻隐之情"对立。叔本华的此种观点,与章太炎具有共同之处。

章太炎之所以在论述责任时以自杀为例,是因为厌世自杀并非仅限于明治时期的日本,当时在中国也发生了如陈天华及姚宏业等厌世自杀事件。然而,这对于革命运动却是一个非常严重的问题,革命论者也对厌世自杀进行了批判,他们认为同样是死,为何不敢为天下而死。对此章太炎认为,自杀而死在不计得失一点上值得评价,[②]从"自主"的观点上也可容忍。自杀,虽为不爱己身的情感,但由自己决定则可。人在本质上与社会不存在互惠关系,因此对于自杀,他人无权进行评判(《四惑论》)。但是与叔本华同样,章太炎同时也认为,从最高的真理来看,则自杀应当予以否定。

由此可见,"自主"思想与《道德学大原论》具有共同之处。章太炎及叔本华,均从反功利主义的立场认为责任产生于双务关系之中,

① 中江,前揭书第5、6、7、8、17节。

② 《敢死论案语》,《民报》第11号,1907年。

而并非萌发于自然的心情。

小 结

综上所述，可知叔本华思想对章太炎的影响之大。

(1) 叔本华的思想，不仅是其意志说，自由(章太炎作“自主”)及责任、“利己之念”批判及共同感情论，均与章太炎的思想形成有关。叔本华认为，我与他人本源一体，但在现象的世界中则人我相隔。而内发性的共同感情，则会超越现象世界而救人于苦难。

(2) 章太炎接受叔本华的契机之一，便是明治哲学及“人生之烦闷”的日本社会背景。特别是在国家主义高扬之中，远离政治摸索人我关系的浪漫主义思潮，与叔本华思想产生共鸣。

(3) 对章太炎而言，中江兆民译《道德学大原论》作为叔本华的伦理说影响巨大。《道德学大原论》与中江兆民格调高雅的译文相益成彰，吸引了一直思索自利与利他关系的章太炎之关注，从中吸取营养，在西洋近代哲学方面对理论加以补充，最终发展成为了“自主”思想。

(4) 章太炎的“自主”思想，即是章太炎为了超越个人与社会间潜在的根本矛盾，而摸索出的思想，其认为与他人的关系应当由我自主抉择，他人之救济，也完全应当由我内发的共感来支撑。为了我支配世界，对社会之规制及规范的强制进行反抗。在此意味上，可以说是“浪漫之自我”观。但是，虽说为“自主”，在其根柢，除具有“恻隐之情”这一对他人的自然共感以外，还强调了“自主”的中国特色。

(5)“自主”思想所设想的新型社会，不具备工业社会风格的原动力，明显为中国式的田园牧歌社会。在工业化与民主化等近代浪潮之前，章太炎对功利主义则持批判态度。即使其并未直接批判市场社会的功利主义，其道德主义对此也无法容忍。

最终，章太炎在其《齐物论释》中，将“自主”思想发展到“内圣外王”，对间隔自他而执着于欲望的意识构造，以及产生万物差异的结构等进行了哲学论述。即章太炎一直在摸索对欲望恬淡的清凉哲学。这可以说是中国近代思想对近代化的一个典型的反应。

第三章　章太炎《齐物论释》的哲学

——与西洋近代思想的对抗

前　言

传统的创造

在第一、第二章中，考察了章太炎积极吸取西洋近代思想的《訄书》时期，以及不断批判西洋近代思想的《民报》时期。吸取与批判，具有两个意义。其一，吸取西洋近代思想，逐步使章太炎相对化中国。无论章太炎如何深刻论述中国古典，他已经不再理所当然地将中国精神的优越地位作为前提。而是兼顾西洋，开始从整个世界范围内来探索中国。其二，通过批判西洋近代思想，来重新探求中国精神的独特世界。因为旨在对抗西洋文明的入侵，可称之为传统之创造。其主要活动，为其主导的国学运动，同时通过这些活动，也使其自身的哲学更具体系。国学运动，以《国粹学报》为机关报而探索民族文化认同。所谓其自身的哲学，在此是指《齐物论释》(1910 年)。

该书在哲学方面较其他著作更具体系。

章太炎曾自负地称《齐物论释》“一字千金”。曾指导“五四”新文化运动的胡适(1891—1962)也将该书与章太炎的《国故论衡》中的《原名》《明见》二篇并列，赞赏《齐物论释》为“空前之著作”。称章太炎精通“佛家的因明学、心理学、纯粹哲学”并融会贯通，构建了独自的哲学。[①]《齐物论释》，虽然是在解释《庄子・齐物论》篇，但却并未从文献学的角度探索庄子以复原历史，而是由此展开章太炎自身的哲学论述。在此，将从以下两点对《齐物论释》的哲学进行考察。

(1) 从思想对抗性的观点:对于西洋近代哲学，《齐物论释》并非只是对其中某点进行批判，而是欲从整体上与其对抗。这种对抗意识，在章太炎对庄子思想的核心“内圣外王”思想及对实在的基本理解中表现出来，并与西洋近代哲学及明治哲学形成了鲜明的对照。这也是对中国精神的独特性进行重新探索的成果。而且如前章所见，该成果并非只是单纯复古，而是建立在吸收了西洋近代思想的基础之上。

(2) 从古典解释学的观点:《齐物论释》借用了古典解释学这一传统模式。但是，从其难解的内容很难想像，该书同时还具备了西洋的哲学性。章太炎自觉以哲学认识来构建中国自身的哲学，而且他运用了古典解释学方式，与明治哲学运用西洋哲学牵强附会传统思想不同。之所以如此，并非只是章太炎作为古典研究大家信手而为，而是古典解释学本身可以创造丰富的含义。

因此，在本章中，将首先来看章太炎《齐物论释》的性质(第一节)，其次来明确章太炎的康德批判以及与明治哲学的差异(第二

---

① 《中国哲学史大纲(卷上)》(1919 年)。

节),最后来考察《齐物论释》的哲学(参看第三节)。

第一节 从考证学到哲学

考证学家章太炎

如略传部分所述,章太炎是一名中国古典研究大家。本来中国思想以儒教为核心,尊崇圣人之教的古典(经典)。因此将古典研究称为经学,极为重视。特别是此两千年间,自儒教成为政治社会的原理以来,经学被要求在实践上服务于政治。古典研究,并非纯粹为了求知。因此,在经学中,存在各种反映时代的学派。在明代,现实中的实践要求较强,因此出现了主观解释古典的倾向。至清代,则开始客观理解文本,逐一寻求根据,逐步形成了考证学。章太炎属于考证学中的皖派。该学派,长于条理分析,每实证一条,必严密参考其他文献,并将小学这一传统语言学文献,作为理解古典的基础加以重视。这是因为,孔子之道为六经(六部基本经典),而六经用语又与当代用语不同,为了理解六经真义,必须理解当时的语言。皖派的方法论便是“因声求义”。章太炎则为皖派小学之大家。

【经　学】

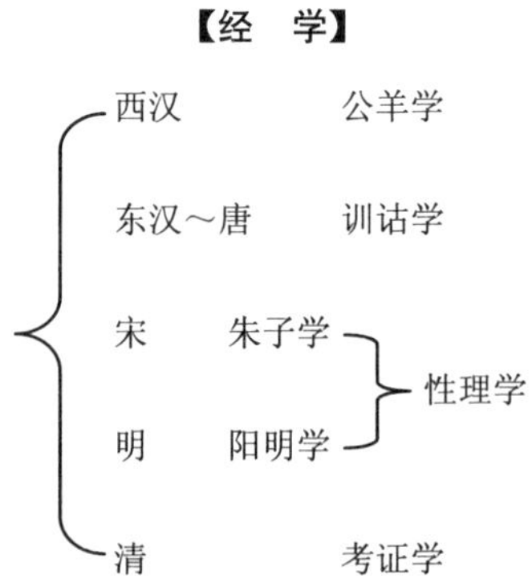

章太炎在小学研究史上留下了显著的业绩。在《文始》中，他从语音关系证明语义的相互关系，由此探求语源的所在。在《国故论衡》中，他将古音分为二十三部来推断其音值，以及对古音的"阴阳对转、旁转"说进行了研究。除此还有其他一些成绩。总之，章太炎从语音入手进行研究，为传统小学过渡为近代言语学打下了坚实基础。[①]章太炎一面进行革命运动，一面做出了如此丰硕的业绩。

《小学答问》——因声求义

先来看小学方法。语言如何研究？一般认为是由汉字的字形入手，但章太炎一派则将字音关连字义，并未考虑字形的原因。其方法不拘泥于字形，而是从字音关系考证字义，也由此产生了从字形无法想像的新义。新义的产生，不仅于古典研究非常必要，同时也是解释学的生命所在。章太炎通过在《齐物论释》中对庄子的解释，构筑了新的哲学，从古义中汲取了新义。

以下，以《小学答问》(1909 年)为例，来看小学方法。该书采用了对《说文解字》所收文字的问答体裁。《说文解字》，为东汉许慎(30—124)所著，是一部传统语言学的基础字书。章太炎于 1908 年在东京为鲁迅等留学生讲解清段玉裁的《说文解字注》，当时所著，便是该《小学答问》。

章太炎认为，该书考证了本字与假借字的变化轨迹，[②]旨在补完向来小学研究家之不备(《小学答问前言》)。其第三条，为"苏"字的

---

① 王力：《章炳麟、黄侃的古音学》，《汉语音韵学》第 33 节，1935 年。王宁：《论章太炎、黄季刚的〈说文〉学》，《汉字文化》1990 年第 4 期。王宁论文认为，章太炎与黄侃的古韵学，发展了段玉裁等的"义自音衍"理论。

② 《小学答问》的前言中，对"同音通假之字"加以注记并称："凡同音通假之字，非《说文》所谓假借。然自郑君已用斯名，后人相承不改。今亦随俗。"

问答。如《说文解字》所示,“苏,桂荏也”,“苏”字本为草名。但为何有“复苏”之意？对此章太炎作答如下。《说文解字》“朔,月一日始苏也”,东汉刘熙《释名・释天第一》“朔,苏也,月死复苏生也”。将“朔”作“苏”解,是因为在古音中“苏”字声符与“朔”字声符分类相同。而“稣”为将散乱的稻草耙在一起之意,假通“苏”。且因“瀫”为捕鱼之意,“瀫”与“稣”的古音相近。由此可知,“稣”与“苏”在古时均与鱼有关。但是据《国语・晋语》及《水经注》诸例,“鱼”字与“吾”字,因字音相近而互用。自古“鱼”字即用于“觉醒”之意,后成立“寤”字,与“苏”字通用。而且由死复生也类似于“觉醒”,因此“苏”便有“复苏”之意。

“朔”“苏”“稣”“吾”等字古音相同或相近,因此相互通用。章太炎由此语言现象,证实了不同字形间的文字被赋予了另外字义,而并未从字形方面来分析字义。章太炎以皖派“因声求义”的方法论来考察汉字意义变迁的方法,可以说是在近代语言学音义相关的同一前提下展开考察,①从而可以脱离字形的束缚,从字音的相近相同关系对字义进行判断。

章太炎与哲学

章太炎对西洋哲学的摸索,在清末思想家中尚属罕见。康有为(1858—1927)、梁启超(1873—1929)或谭嗣同(1865—1998)等思想家的著作中,虽然也有一定的哲学要素,但是他们并未有意识地思

---

① 音与义的问题,在《国故论衡・文学总略》《小学略说》《语言缘起说》等中均有论及。参看索绪尔(Ferdinand de Saussure, 1859—1913):《一般言语学讲义》第 3 章(岩波书店)。对于章太炎的语言认识,参看拙稿《章炳麟について—方法としての言語—》(《京都产业大学论集》第 12 卷第 2 号,1982 年)。

索哲学本身。但是章太炎则有意论述哲学，并自建体系。蔡元培曾评价章太炎说："在这时代的国学大家里面，认真研究哲学，得到一个标准，来批评各家哲学。"①章太炎在《四惑论》《建立宗教论》以及《齐物论释》中，便曾尝试构建其哲学体系。但因其语言晦涩，又在论述古典，因此颇难理解其在思索哲学。在其论文当中，可见有关传统概念"道"的论述，但无法想像是在论述西洋近代意义上的哲学。章太炎确实批判过康德及叔本华、休谟及哈特曼（Karl Robert Eduard von Hartmann）等，但是站在传统立场上进行反驳的印象较深。之所以对章太炎有如此肤浅的看法，也可以说是其古典学素养所惹之祸。

然而，章太炎对西洋近代哲学进行了认真的研读思索。这从其对 philosophy 译语的论述，以及对哲学与科学之基本性质的论述上也明确可见。章太炎一面与西洋近代哲学搏斗，一面重新组织传统概念构筑哲学，同时也强化了其势郁郁的古典色彩。虽说章太炎构筑独自的哲学，但是也并非如日本佛教思想家井上圆了（1858—1919）一样，以西洋哲学的标准对传统思想进行简单的重新评价。章太炎一面对比中国概念与西洋概念，一面展开独自的哲学论述。《齐物论释》便是这样一部结晶之作。

以下，来看有关 philosophy 译语的论述。章太炎在《国故论衡·明见》篇的开头部分，有如下论述。philosophy 的译语，有诸子百家的"道"、婆罗门的"陀尔奢那"（梵语 darsana，"见"）、宋学家的"道学"、日本翻译的"哲学"等词语，但是，"道"及"道学"略有不备，"哲

① 蔡元培：《五十年来中国之哲学》，《申报五十周年纪念特刊》，民国十二年。

学"一语又不够典雅。因此,典雅的"见"字颇佳。"见"者有二,即是"蔽"及"智"。无证据虽知之而无法类推,称之为"蔽"(章太炎原注:"释氏所谓倒见见取。"执着于错误的见解),有见处无凝滞,称之为"智"(章太炎原注:"释氏所谓正见见谛")。于是他将 philosophy 翻译为"见"。因此,《明见》篇即是在论述哲学。只是,其内容主要探讨诸子百家的荀子及庄子、惠施的认识论及宇宙始原论、伦理等内容,其中是否意识到西洋哲学,一看之下颇难辨别。但是,章太炎的确是在中国思想中探索其哲学的可能性。

章太炎将 philosophy 译作"见",无疑是因为其喜好佛教,但除此以外,还因为他的哲学并非是在探求客观知识,而是在探索人生智慧。如"智"在佛教中意味着生出不染烦恼之智慧,而悟到"四谛"(四个真理)之境地,章太炎认为所谓人生之智慧,是去迷妄("蔽")、斥功利主义自利之念以及在救济他人中悟到自他一体之本源境地,并非只是明确客观知识的获知方法及认识成立的条件(参看本章第二、第三节)。他对 philosophy 的理解,与西洋古典哲学的热爱智慧、追求灵魂之善相似,从而与西洋近代哲学倾向探求客观知识形成对照。与明治哲学主流专论证认识成立之根据及条件等的"现象即实在论"相比,也属异质。

不过虽然是探求智慧,章太炎却并非依靠冥想,而是从拯救自他的意志行动之中寻求答案。如其在《答梦庵》中称:"吾所为主张佛教者,将欲发扬芳烈,使好之者轻去就而齐死生。"其哲学也与该目标有关。在意志行动中觉悟智慧,显示了章太炎的哲学立场(参看第三节)。

哲学并非空想

章太炎并非仅对 philosophy 的译语进行论述,也正确把握了哲学的本质。在反驳《新世纪》的批判当中，也可以见到这种特色。[①]《新世纪》是由中国留学生于1907年在巴黎创刊的无政府主义者杂志。章太炎在《排满平议》(1908年)中，认为哲学是"玉卮无当，虽宝无用"，无政府主义与中国实情不符，其持论浅率不周。《新世纪》对此反驳说，无政府主义与物理应用一致，而章太炎所谓的哲学，则"大约指浮泛之周秦诸子，及迷谬之佛经，与悬想之西儒，皆不合于科学之定理者而言"(《书排满平议后》，《新世纪》第57号)，因此，章太炎又对"迷谬"及"空想"两点进行了再批判，对世界之实在与实证认识进行了本质的论述(《规新世纪》，1908年)。

章太炎在《规新世纪》中认为，"空想"的本意是虽不存在却勉强有之。例如佛教的极乐净土、柏拉图的观念世界等便是此类。"是非"及"有无"等词，并非有形之物，而是作为"范畴"存在于意识之中。科学无法证明范畴本身，而是将范畴应用于物质世界。以原子为例，因为是无形之物，所以无法用实验器具证明其经验性的存在。或在产生光彩之际，自然科学假设了"以太"，在论述真空之际，则设想了能源。这些均超越了经验世界，是通过想像推断得出结果，在假设无法经验实证根原性存在一点上，与哲学并无多大差距。

此外，在论述"迷谬"的部分，章太炎驳斥了自然科学的非实证性。他说，达尔文(Charles Robert Darwin，1809—1882)提出了"戒弥卢说"(动植物细胞所含的自我增殖的性质)，并在细胞遗传学上，有"地昙弥能提"(小林注：关系生殖与遗传的决定因素)以及"伊难迫

① 章太炎：《规新世纪》，《民报》第24号，1908年10月。《新世纪》记者的批判，见《书排满平议后》，同《书驳中国用万国新语说后》(均为《新世纪》第57号，1908年7月)。

来斯摩”（小林注：纳吉里[Karl Wilhelm von Nägeli，1817—1891]所说的遗传物质）等观点。这些均无法作为物质来计测，与假设灵魂并无多大差异。如果说哲学的非实证为“迷谬”，那么生物学的学说本身也成“迷谬”。并非只有自然科学可称至精。而且，黑格尔（Ernst Heinrich Haeckel，1834—1919）在《宇宙之谜》中所说的，宇宙中一瞬间无数地球的产生或毁灭也无法实证。章太炎对无政府主义者盲信自然科学的实证性、批判佛教为“迷谬”、批判西洋哲学为“空想”等观点进行了如上反驳。

“夫科学之名亦汎矣。彼所谓科学者，则诊察物形，加以齐一，而施统系之谓。抑万状纷冋，固非科学所能尽理。”章太炎驳斥了自然科学所假设的基本概念的非实证性，其论述极具原理性。可知章太炎并未如一般的中国古典研究家对自然科学产生抗拒反应，而是认真读书，仔细思考过自然科学的哲学根据。

章太炎认为，哲学本应作为“求是”（真理的探究）之“学”，而非“致用”（政治的实用性）之“术”。这也是对中国思想在传统上独尊政治实用性而趋附权力的批判。称形而上学为“无当之玉卮”，是因为他认为哲学不能服务于政治。章太炎在此观念的基础上，通过与传统思想的对话构筑了其自身的哲学。

所谓《齐物论释》

《齐物论释》，著于1910年（初定本。1912年频伽精舍刊），又于1914至1915年重订（1919年浙江图书馆刊《章氏从书》本，与初定本同时收录）。该书通过佛教唯识学，解释了《庄子・齐物论》篇，虽曰解释，却并非为考证学形式，而是根据文本解释的方法，以强烈的问题意识构建了其自身哲学的雄心勃勃之作。

1908年，章太炎所编辑的革命同盟会的机关报《民报》遭到禁发，同盟会产生分裂及章太炎沦为间谍等谣言四起。[①]在周边的动荡不安下，章太炎在东京为鲁迅、周作人、朱希祖及钱玄同等留日学生讲授了《说文解字》《庄子》《尔雅》等。在该讲读的基础上，著述了本书以及《小学答问》《文始》《庄子解诂》等。[②]

章太炎的思想本来便与政治运动关系密切，而且形成于切实的苦难之中。例如经戊戌变法运动与挫折，写成了《訄书》。经“苏报案”(1903年)入狱三年，以及赴日本后的参与革命运动与同盟会的分裂事件，著成《文始》《国故论衡》《齐物论释》等。经袁世凯的龙泉寺幽闭(1914—1916)，著出《菿汉微言》《检论》。章太炎的著作，均鲜明地反映了其在各个时期与苦难的对决。

章太炎的思想在《民报》时期达到顶峰。以入狱为契机，其思想发生了巨大的转变，结果从《訄书》时期积极吸收西洋近代思想变为了批判的形式，对哲学的关心也更为强烈，开始著述佛教味浓厚的论文。《齐物论释》便是该时期的代表著作，看似为佛教性质却具备了哲学的内容。由此被高度评价为“清末20世纪初期中西学术思想论的一个结论”[③]。

《齐物论释》的特征——解释学与本体论

《庄子·齐物论》篇保留了庄子的原始思想，并富于形而上学性

---

① 汤志钧编：《章太炎年谱长编》，1908、1909年之项；杨天石、王学庄：《同盟会的分裂与光复会的重建》，《近代史研究》1979年第1期；高田淳：《辛亥革命と章炳麟の齐物哲学》，研文出版1984年版，第47、48、56—71页。

② 任鸿隽：《章炳麟先生东京讲学琐记》(《文史资料选辑》第94辑，1984年)；许寿裳：《纪念先师章炳麟先生》(《制言》第25期)。

③ 高田前揭书，第1—2页。

质。但正如章太炎所说,“齐物文旨,华妙难知”(序),内容颇为难懂,所以向来有各种解释。以佛教思想予以注释的先例,有唐代成玄英的疏,因此章太炎的佛教解释方式并无特异之处。虽然从历史来看,庄子并无可能言及佛教,但是章太炎认为两者在意思上具有互相发明的特点(序),即通过解释,庄子与佛教暗中契合。解释学,是章太炎哲学的一大特征。因此可以说,该书并非要对《齐物论》中的庄子思想进行历史复原,而是通过解读现实,来展开章太炎自身的思想。

这种解释隐含意义的方法,也用在了《齐物论释》以外的著作之中,例如《菿汉微言》(1916 年)。所谓“微言”,即指隐含的奥义之意,解读奥义,便用到解释的方法。《菿汉微言》由 167 条文章组成,包括政治批评、文明论、古典论及历史人物论等,内容极为广泛。其中大多数以佛教为标准而对传统思想进行重新评价。由于对西洋的对抗意识,章太炎对道家及孔子,即使是曾经批判过的宋学及阳明学,也予以善意的评价。因为是从传统思想当中汲取隐藏的含义,所以便以《菿汉微言》为题。

关于解读奥义,章太炎认为,文王、孔子、老子、庄子四圣,为冥合中华与印度的大乘菩萨,文王与老、庄之言,虽有奥义但是极为简约,因此“可以意得,不可质言”(《菿汉微言》第 89 条)。庄子的奥义需要通过解读,而之所以运用解释学的方法,是因为对于章太炎的哲学,解释学必不可缺。

《齐物论释》的特征之一,是以本体之可知性作为考察的前提。在形而上学中,虽要求具有体系性构造,但是若用文本解释的体裁,则顺文本发展论述即可,并不太需要意识到体系性构造。《齐物论释》便是提示了世界之本体,以生迷妄不觉之心为主而进行了论述。

章太炎认为，庄子详尽地阐明了“性相（万物之本体与现象）”（《菿汉微言》第89条），可见其对本体论较为关心。虽然也有对认识论及实践论、空间论、因果论、目录论等的论述，[①]但《齐物论释》的较长篇幅，还是对于本体论及产生迷妄之原因所进行的论述。因此，要理解《齐物论释》，本体论（本章第二节）与解释学（本章第三节）即成为关键。以下便从此两个方面，来考察《齐物论释》的哲学。

《齐物论释》的主旨——“内圣外王”

首先在进入本论之前，需要明确究竟章太炎为何要著《齐物论释》？只有明确此点，《齐物论释》中错综的论述才易于理解。

章太炎认为，《齐物论》的主旨为“内圣外王”。[②]“内圣外王”之语，源自《庄子·天下》篇中“是故内圣外王之道，暗而不明，郁而不发”。[③]注释《庄子》的郭象（约252—312）在《庄子序》中称，庄子“通天地之统，序万物之性，达死生之变，而明内圣外王之道”。郭象认为，“内圣外王”即为理解庄子的关键词。但是，《天下》篇列于《庄子·杂篇》之中，其文本的成立较晚，《齐物论》篇却属于内篇，近于庄子原始思想，将“内圣外王”作为其主旨尚有问题。因为“内圣外王”观念，论述了道德权威（内圣）与政治权力者（外王）结合，万物齐同的立场（超越支配常识世界的差异，根源上一切皆同，因此将其全部接纳肯定的境地），所以与对政治权力冷淡的《齐物论》思想性质相异。在肯定政治性价值这一点上，“内圣外王”的观点看似近于老子或儒教性质。

---

① 认识论为《齐物论释》第一章第五节、第六节。时空论为第一章第六节，第五章。因果、范畴论为第五、六章等。小节号码，从荒木见悟《齐物论释训注》（一）—（三）（《哲学年报》第29—31号，1970—1972年）。

② 《齐物论释》第七章。

③ 以下《庄子》译文，据森三树三郎译注《庄子》（中公文库）。

但是，郭象与章太炎皆认为“内圣外王”为庄子思想的精华。

当然，对“内圣外王”的理解也各有不同。例如在近于儒教的道家的解释中，将“内圣”与支配精神世界的老子（玄圣）及孔子（素王）相结合，将“外王”与支配政治世界的有德之圣王相结合进行解释。①道德君主施行政治，符合儒教理念。且《大学》的解释也将“内圣外王”与儒教的“修己治人”观念相结合，并论述道：

> 《大学》一篇，为古帝王立学垂教之法。孔子详举其次第以示人，曾子复分为十传以解之。……极其至则内圣外王，不越乎是。

《大学》的三纲领（“在明明德，在亲民，在止于至善”），为“修己治人”的基本方法。②这明显是从儒教的立场上来理解“内圣外王”。

那么，章太炎又如何理解“内圣外王”？

心之解放与无压抑社会——“内圣外王”的范畴

与儒教及郭象不同，章太炎对于“内圣外王”的理解，是在道家或佛教性的基础上，与“自主”思想相关联。其中将道德与政治的关系，看作个人与社会间的根本矛盾所孕育出的紧张关系，并非仅向政治

---

① 清代郭庆藩《庄子集释》。“玄圣素王”，为《天道》篇语，“玄圣”指老子，“素王”指孔子。“玄圣素王”，根据《庄子集释》，指具备无为之德而无爵位者，为统治者时指帝尧。即，“玄圣素王”为可能成为有德之掌权者之意。“内圣外王”之疏（《天下》篇），也解作“玄圣素王，内也。飞龙九五，外也”。“内圣”指在野之有德者如老子及孔子，“外王”指具圣德之有王位者。“飞龙九五”，引自《周易》乾卦“九五，飞龙在天，利见大人”。疏解为具刚健中正之德的圣人，即天子之位恩泽及天下，因此道德权威与政治权力相关仍为立论之前提。只是老子及孔子，虽有道德而无政治权力，因此主张圣王支配的儒教，有必要以“内圣”进行调和。此种“内圣外王”理解，显示了儒教与道家的接近，以及显示了对政治统治者的道德要求。理想将伦理与政治统一的“圣—王”论，可见于《荀子·解蔽篇》“圣也者，尽伦者也。王也者，尽制者也。两尽者，足以为天下极矣”等。总之，在中国一向将政治权力与道德权威作一元化理解，道德在规范化政治权力的同时，也接受了政治的介入。

② 清喇沙里等奉敕撰《日讲四书解义》卷一。

支配者谋求道德。对此，章太炎论述如下：

又其特别志愿，本在内圣外王，哀生民之无拯，念刑政之苛残，必令世无工宰，见无文野，人各自主之谓王，智无留碍然后圣。①

章太炎认为，所谓"外王"，即世界上没有绝对的支配者与苛酷的法律，人人"自主"；所谓"内圣"，即没有文明野蛮、进步退步等错误的歧视，人类本来智慧无碍。没有绝对的支配者与苛酷的法律之社会，可参考上一节所言及的田园牧歌式的社会，该社会便是一个容忍"自主"的政治共同体。"自主"思想，至此发展为"内圣外王"观念。至《菿汉微言》(第59条)，"内圣外王"则更为具体化。章太炎曾有如下论述：

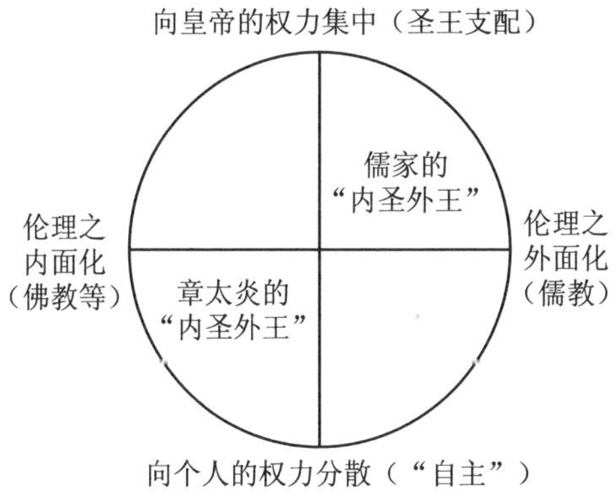

* 竖轴：权力一元化或多元化程度
* 横轴：伦理内面化或外面化的程度

（所谓伦理之外面化，指见于儒教礼制中的伦理的形式化；所谓内面化，是指如佛教的领悟等，重视心灵的变化。）

内圣外王的各种理解

① 《全集》(六)，第119—120页。

> 释迦应之，故出世之法多而详于内圣。……孔老应之，则世间之法多而详于外王。兼是二者，厥为庄生。即《齐物》一篇，内以疏观万物，持阅众甫，破名相之封执，等酸咸于一味，外以治国保民，不立中德，论有正负，无异门之衅，人无愚智，尽一曲之用……故《齐物论》者，内外之鸿宝也。

在此所谓“内圣”，是指常思索万物本质，超越语言与实在之执着的自在心；所谓“外王”，是指平安的政治与人皆有用的“自主”社会。《齐物论》兼备佛教所理想的“内圣”与孔子及老子所景愿的“外王”两者。这便是章太炎所思考的“内圣外王”。于“外王”以外，章太炎论述“内圣”，则无法用政治解决心的救赎，终归需要求解于个人内心，而且结合政治社会上的解决来考虑，这是因为经济的贫困及政治的压迫等，仅从心理上无法解决。章太炎的“内圣外王”观念，构思了由执着至自由的精神与容忍“自主”的社会制度，而并非仅从精神上救赎心灵，更与儒教不同。

章太炎形成如此观念，无疑是因为其看穿了个人与社会间永远潜在根本的矛盾。应该侧重从心灵内部理解生之苦痛，抑或侧重从政治及经济等外部加以理解？可以说，章太炎正是将人看作受欲望支配的功利性动物，才开始解决人受困于物质的问题。而且也深知如不解决政治及社会问题，自在之心也无从谈起。

总之，所谓“内圣外王”，是在个人内心解放的同时，还承认政治上社会上的“自主”，以发现各自的有用性。比之以前的“自主”思想，有了进一步的发展。只是，《齐物论释》主要论述了“内圣”，而非“外王”。在《齐物论释》自序中，章说《庄子·齐物论》的主旨在于“自在”和“平等”，该“自在”和“平等”即为“内圣”的内容。章太炎认为，所谓

"自在"，是指存在的本质并非物质性质，超越相对的现象界，而不拘泥于其物质性；所谓"平等"，是指不仅是对所有生物平等视之，还要突破区分事象时所执着的语言的拘束，相对化意识为绝对的判断标准，消除人我之间的区别。

如此可知，《齐物论释》所描绘的理想，并不适合西洋近代的工业社会，而是针对传统的"小国寡民"社会。章太炎对工业社会并非一无所知，通过明治时期的日本早已窥见一斑。但是他否定了这种欲望支配下的功利主义社会，构想了田园牧歌式共同体的新社会（第二章）。"内圣外王"的思想，从与产业化相反的方向，以生活在共同体的人们为形象展开了论述。然而，即使"内圣外王"的思想可以解决工业化带来的问题，例如无形的社会压迫及伦理观的丧失等问题，但能否解决工业化及经济问题，则甚为可疑。工业化仍是中国今天所直面的问题。

以下将从（1）以本体的可知性为前提的观点（第二节）、（2）解释学（第三节）等两点对《齐物论释》进行考察。

第二节　何为本体　迷与悟

本体即"阿罗耶识"

如前所述，《齐物论释》的特征之一便是以本体的可知性作为考察的前提。章太炎认为，世界的本体即"阿罗耶识"，并将"阿罗耶识"作为"种子""如来藏""阿陀那识""庵摩罗识""原型观念"等反复论述。例如"真宰即佛法中阿罗邪识"（《齐物论释》第一章第二节。下同），"此论藏识中种子，即原型观念也（'此'为《齐物论》中'夫随其成心而师之，谁独且无师乎'以下的文章）"（第一章第三节）等。"真宰"

为《齐物论》篇中的用语，指世界根源的主宰者（本体），“阿罗耶识”为心之深层所藏的变幻出世界的本体，皆为唯识学的基本概念。此外，“原型观念”则为日本宗教学者姉崎正治在其《上世印度宗教史》中与“阿罗耶识”同等视之的观念（参看本书第一章第三节）。章太炎也与姉崎同样使用了“原型观念”一词，均认为《齐物论》与佛教均以“阿罗耶识”为世界本体。章太炎还认为，《齐物论》与唯识学的根本观念不谋而合：

> 详此所谓成心，即是识中种子。《德充符》所言灵府，即是阿罗邪识。《庚桑楚》所言灵台，即是阿陀那识。阿罗邪译言藏，阿陀那译言持，义皆密合。①

章太炎认为，《齐物论》篇中的“成心”一词为成见、偏见之意，并认为“成心”为“种子”，“灵府”为“阿罗耶识”，“灵台”为“阿陀那识”。所谓“种子”，指保留诸事象的势力并使之再起的可能性，也是唯识学的基本概念。他认为“府”字为“藏”之意，所以“灵府”指灵魂之处所，但因为“阿罗耶”也指“储存所”，所以“灵府”为“阿罗耶识”。此外“灵台”为置放灵魂之台，“阿陀那”为执持身体及感觉器官、“种子”等之意，因此，“灵台”与“阿陀那识”密合。庄子的“灵府”以及“灵台”虽非佛教概念，但从意思的类似性上，也证明了庄子与佛教密合的这一观点。所谓使概念密合，是指将不同概念进行对比，以确认两者之间存在的差异并斟酌自身概念，有时将不同概念加以错位理解。德国哲学家卡尔·洛维特（Karl Löwith, 1897—1973）认为，日本思想在接受西洋近代思想之际，并未十分斟酌概念之间的差异（本书第一章），

① 《齐物论释定本》第六章。

而章太炎则将原本异质的概念进行了对比斟酌。看似附会概念，但终归会让读者理解其差异所在(后述)。

“阿罗耶识”为幻出世界的本体，也称“阿陀那识”或“藏识”。因为其藏于“种子”之内，即使进入精神集中的禅定境地也不会断灭而是生灭变迁。另外，也称“庵摩罗识”，章太炎也在《建立宗教论》中将本体称为“庵摩罗识”。所谓“庵摩罗识”，是指“阿罗耶识”回归究极的空之境地的位相，为清净的根本识，不生灭的本体。如此，章太炎对世界的本体进行了反复论述。

章太炎站在哲学唯心论的立场上，认为现象界的种种事象并非实在，不过是“阿罗耶识”这一本体幻出世界，并映在心中的像而已。例如他说：“故知所感定非外界，即是自心现影”，[①]或“以物为境，即是以物为识中之境。(即外界之物并非实在之意)”[②]唯识学认为“识中之境”是知觉作用根据意识的志向作用“见分”缘于色空，即成为意识内的客观侧面“相分”。因此，“境缘心生，心仗境起”，而且，“阿罗耶识无始时来，有种种界，如蜀黍聚。……自有亲缘，故无起尽，亦无断绝”。(《建立宗教论》)唯心论的此种存在理解，便是基于将“阿罗耶识”作为本体的观念。

“真妄不二”的本体——论述本体的意义

章太炎在论述本体之后，还论述了本体产生迷妄的过程。为何在论述本体以后论述本体与迷妄的关系？章太炎认为，本体及迷妄与人的本质有关，哲学乃是人生之智慧(前节)。是将哲学看作人的本质，还

① 《齐物论释定本》第一章第一节。

② 《齐物论释定本》第一章第三节。

是看作对对象的纯粹认识？在此点上，章太炎与康德等不同。

章太炎认为，“阿罗耶识”为“真妄不二”（觉悟与妄念并无区别）。对于“真妄不二”，章太炎论述说：

> 唯证得庵摩罗识，斯为真君，斯无我而显我耳。是故幻我本无而可丧，真我常遍而自存。

又说：

> 《德充符》说：“以其知得其心，以其心得其常心。”心即阿陀那识，常心即庵摩罗识。彼言常心，此乃谓之真君。心与常心，业有相别，自体无异。①

章太炎将本体称作“阿罗耶识”或“庵摩罗识”等，而本体既可产生迷惑也可使人开悟。②在以上所引用部分，章太炎还论述了本体产生迷妄的原因与其过程，比如说：

> 真宰即佛法中阿罗邪识，惟有意根恒审思量，执阿罗耶识以为自我，而意识分别所不能见也。以恒审思量故，必不自觉为幻，自疑为断，进止屈伸，萑乎自任。③

在《齐物论释》的其他部分，也如下论述说：

> 不觉心动，忽然念起，遂生有无之见，计色为有，离计，孰证其有。计空为无，离计孰证其无。④

认为存在的实体化，即是不觉之心执着表象的结果。

在《建立宗教论》中，章太炎通过唯识学的三性说对迷妄之生起

---

①③ 《齐物论释定本》第一章第二节。

② “迷者即如来藏，如来藏此谓真我”，“又知迷悟不二，故都不辨天人”（均为第四章），“则天倪所证，宁独生空，固有法空，即彼我执法执，亦不离是真妄一原，假实相荡”（第五章）等。

④ 《齐物论释定本》第一章第六节。

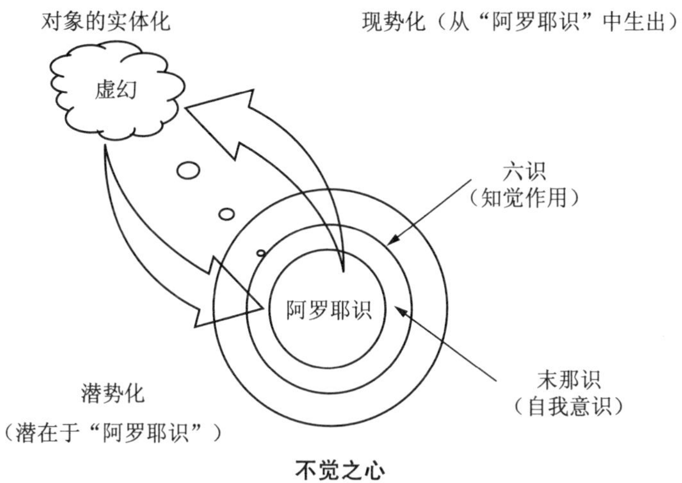

不觉之心

进行了论述。所谓三性说，是指世界本来只是由心识虚构而成，认为事物存在“自性”（事物本身的实体性），具有实体，乃是“妄分别”（“遍计所执性”）所致。本性之物并不实在，而是由种种之缘所生，依存他物，应缘生灭的本性（“依他起性”），不过是“妄分别”而已。悟得此道斩断烦恼的境地即是“圆成实性”。在《齐物论释》中，除通过三性说论述之外，也如上论述了产生迷妄的原因。此外还展开了语言学方面的论述，认为特别是因语言之故，“意根”执着于“阿罗耶识”，导致了妄执于万物皆有“自性”的结果，①这也是因为他本身便是长于小学（传统语言学）的考证学者。

以上考察了章太炎对本体内容进一步的论述。他认为本体具有可知性，与康德的“物自体”（本体）的不可知形成对照。虽然在形而上学的基本认识上，章太炎与康德的理所当然见解各异，但是为何章

---

① 《齐物论释定本》第一章第三、四、六节。

太炎认为本体可知呢？这一问题与章太炎哲学的根本性质有关(参看第三节)。

康德批判——本体是可知的

章太炎自《民报》时期开始，常常谈论西洋哲学，如康德、柏拉图、叔本华、黑格尔、哈特曼、笛卡尔、休谟、赫尔巴特(Johann Friedrich Herbart，1776—1841)、尼采等。其中尤其是康德及叔本华，成为章太炎思想的基础。他在入狱时所写的信件中，将康德的“先天的”(a priori)及“后天的”(a posteriori)，以及叔本华的“认识充足主义”与佛教概念进行了对比(参看第二章第一节)。刊登于《民报》的《演说录》(1906年7月)中，谈到了康德的十二范畴论及叔本华的“盲动的意志”说，在《俱分进化论》(1906年9月)中，还从佛教的立场评价了康德的伦理说。

但是自《建立宗教论》(1906年11月)之后，他对康德的十二范畴论及时间空间论等，以佛教所谓的“损减执”(本来有却误解为无的错误)进行了批判。其中的部分论述如下：

> 又如康德，既拨空间时间为绝无，其于神之有无，亦不欲遽定为有，存其说于《纯粹理性批判》矣。逮作《实践理性批判》，则谓自由界与天然界，范围各异。以修德之期成圣，而要求来生之存在，则时间不可直拨为无……康德固不若是之愚，亦不若是之诬，而又未能自完其说。①

对于康德将时间与空间作为认识的形式而并非实在本身的观点，章太炎进行了批判，驳斥了其与伦理说的矛盾。此外在《齐物论释》中，

① 《民报》第9号，1906年。

称"近世康德立十二范畴，此皆繁碎"，[①]"康德谓，以有觉时，故知梦妄。此非了义之言"，[②]加以论难。可以看出，随着章太炎思想的成熟，其对康德的批判也在逐步加强。由此可知，康德对于章太炎哲学的形成是必不可缺的。但是，在本体的理解上，康德与章太炎则形成了鲜明的对照。

> (康德)见及物如，幾与佛说真如等矣。而终言物如非忍识境界，故不可知。此但解以知知之，不解以不知知之也。(《菿汉微言》第56条)

很明显，章太炎是站在本体的可知性立场上，重视体验性直观，[③]对理性的客观认识提出了异议。

认识的意义

那么，本体可知，究竟有何意义？为何可知是必要的？以下将对此进行探讨。

众所周知，康德设想了作为现象背后之原因的"物自体"。据说康德对此概念，运用各种方法进行了说明，[④]总之，从认识论来看，"现象之原因"及"表象之根据"即为"物自体"。[⑤]我们的个别认识，不过是主观的"假象"而已。但是，之所以可认为其作为认识对象是确实的，在客观上是妥当的，是因为在现象的根柢存在有"物自体"。不

---

① 《齐物论释定本》第一章第三节。

② 《齐物论释定本》第七章。

③ 作为一项引导民众之术，章太炎举出了体验性直观＝"心齐"(《齐物论释定本》第五章)。而且对《人间世》篇"气也者，虚而待物者也"一句，注曰："(原注)气即呼吸……心扰即不能觉，心在至寂，自能了别众缘。"对"唯道集虚，虚者心齐也"一句则注曰："(原注)必依三昧，乃得以气听也。"较为重视体验性直观。《全集》(六)，第109页。

④ 有福孝岳、坂部惠编：《カント事典》"物自体"、"现象"之项，弘文堂1997年版。

⑤ 同上，"物自体"之项。

过，在“物自体”之认识的可否上，康德的观点也在变化，在《纯粹理性批判》(1781年)中认为不可知。而康德哲学认为理所当然的认识之含义，则与章太炎不同。对于此点，西洋哲学家黑崎政男(1954—　)认为，《纯粹理性批判》在远离经验之处对于理性之能力进行形而上学的探讨，分析了认识脱离经验纯粹成立的条件。由经验获知的质料多种多样，但是给予其形状及秩序的，是主观所具有的自发性能力。时间及空间，是使我们的认识成立的条件，也是给予现象客观妥当性的框架。因此，在此意义上，时间及空间确实存在，但从超越论的角度来看则具有观念性。并且范畴为统一感觉的各种心的形式，顺应范畴则出现了判断作用。①

章太炎也讨论过《纯粹理性批判》，②并对康德的时空观念进行了批判。对于其将时间空间作为感性的直观形式一点，章太炎论难说：

> 故(康德)于物质中之五尘，亦不得不谓其幻有，而归其本体于物如，若尔则空间时间何因不许其幻有耶。(《建立宗教论》)

由于章太炎不理解时间空间乃是认识成立的条件，而非所谓时间空间本身，③造成了“误解”。何为“误解”？以下将进行探讨。

认识迷惑存在

对于康德而言，问题在于如何明确现象具有客观性及妥当性的认识条件。而这便需要时间空间的认识框架，因此，需要探求其根源

---

① 黑崎政男：《カント〈純粋理性批判〉入門》，讲谈社2000年版。

② 《建立宗教论》，《全集》(四)，第408页。

③ 有福孝岳译：《純粋理性批判》(上)，《カント全集》第4卷，岩波书店2001年版，第102页。以及前揭《カント事典》，“超越論的觀念性”之项。

的构造。而章太炎本来并不关心客观认识的成立条件。对于章太炎而言，问题在于如何通过人生的智慧来避免陷入迷妄。从其立场来看，正是对象认识产生执着而引起迷惑。由此章太炎论难说，若事物具备"物自体"，则空间应当具有空间本身，时间应当具有时间本身。可以说，在形成对康德哲学的"误解"之前，双方在本体的基本认识上，或者说中国与西洋在思考模式上已经存在差异。

例如对于时间与空间，章太炎结合"种子"进行了理解。"种子"，是藏于"阿罗耶识"之中而产生物心两面现象的原理。章太炎注说："近世康德立十二范畴，此皆繁碎。今举三法，大较应说第八藏识，本有世识、处识、相识、数识、作用识、因果识。""其空间识，即是处识，所感觉之真空，乃属相识。"①他在原注中对于"世识""处识""数识"进行了论述。即，"世识""处识""数识"均见于《摄大乘论》，"世"为过去、现在、未来的时间，"处"为点、线、面、体、中边、方位等空间，"相"为五官所知觉的存在之姿。并且，还论述了康德的空间与佛教的"虚空""空界""真空"等诸观念的同异。在佛教中，容纳万物之"处"称作"虚空"，即如今所谓的空间。"但有形可量者，通谓之处。"如此，则"处"被认为是可以数量化的有形之实体，而并未将空间作为客观的认识的成立条件。因为章太炎认为，若假设物质具有物质本身之本体，那么也应当假设空间同样具有空间本身，时间也具有时间本身。但是康德仅假设物质本身，因此批判说康德是错误的。中国思想原本就有朴素实在论的倾向，认为现象世界正如所看到的一样是存在的。而事物也如实反映在主观上。所以认为空间时间与物质同样具

① 《齐物论释定本》第一章第三节。

有本体的观念极为自然。这也可以说是一种文化上的“误解”。而且，之所以不认同认识即成立的客观条件，也是因为具有认识产生存在之迷惑的观念。

> 诸有知见，若浅若深，悉依此种子而现。世识、处识、相识、数识、作用识、因果识、乃至我识，此七事者，情想之虎落，智术之垣苑。①

“情想之虎落”，是指感情在区别对象之际的标志，“智术之垣苑”，是指思考方式的范畴。将时间及空间、因果等七个知觉及意识视为思考方式的范畴，章太炎与黑格尔也是同样，但是章太炎认为其潜在于“种子”当中，只有起到知觉作用方才得以显露。认识为存在之迷惑，“种子者，心之碍相”。②即，认识的范畴当中被给予了迷惑的伦理价值。此乃是章太炎与康德的不同之处。章太炎认为时间及空间致人迷惑。其构思具有宗教色彩。

对于对象认识迷惑存在一点，章太炎论述如下：

> 无物之见，即无我执、法执也。有物有封，有是非见，我法二执，转益坚定，见定，故爱自成。此皆遍计所执自性迷。依他起自性生此种种愚妄虽尔，圆成实性，实无增减。③

章太炎认为正是事物之认识致人迷惑。

由上可知，章太炎对康德的“误解”，并非是因为对各个哲学概念缺乏理解，而是在认识及存在的问题上，因双方的文化差异较大所致。康德以超越论的形式，论述了主观上的现象认识为何具有

---

① 《齐物论释定本》第五章。

② 《全集》(六)，第74页。

③ 《齐物论释定本》第一章第五节。

客观的妥当性。而章太炎则以认识为污秽，论述了其生起的本体以及生起的原因。之所以如此，是因为康德与章太炎在形而上学的出发点上原本不同。当然，考虑到中国的康德研究初始于辛亥(1911年)之后，①则章太炎产生文化差异也较为自然。而且章太炎对康德的认真研究，已经远远超越了当时的知识背景，理应得到高度评价。

而且，章太炎对康德的“误解”，从异文化接受的观点来看，可以说正是中国思想在接受异质的西洋思想之际，经过逐一斟酌之后而产生的。在本书的开头部分，曾引用了德国哲学家洛维特(Karl Löwith)的论述。洛维特批评说，日本的哲学家似乎对欧洲的思想不辩自明，并未将其与自身的生活及思想、言语等进行逐一对比，也没有将异物变为己物的冲动，生活与思想发生了背离。章太炎在《民报》时期以前，将康德及叔本华在肯定的意义上用佛教概念进行了比较和推定。例如在《致黄宗仰书》中，将康德的“事前之识”比作佛教的“能见”，将“事后之识”比作“能现”，将叔本华的“认识充足主义”之一比作“能见”(参看第一章第三节)。但是自《民报》时期以降，章太炎却逐一将康德的概念等与唯识学进行对比加以批判。由此凸显了概念上的异同，也明确了文化上的差异。而文化上的“误解”也正是由此而生。但是，与其将此看作无理解，倒不如看作是植根于自己生活的思维的反应，看作是中国思想活性化的秘密所在为佳。究竟活

① 《民铎》第6卷第4号设立“康德号”，刊登过《康德传》《纯粹理性批评梗概》《康德年谱》《康德之著述及关于康德研究之参考书等》。在辛亥之前，早有王国维介绍康德，不过正如其所写到的“因为不懂康德的《纯理批评》，所以半途而废”(《静安文集序》)，并非真正介绍康德，而只是介绍了康德与叔本华的关系。例如王国维的《汗德之哲学说》(1904年)，为文德尔班(Wilhelm Windelband，1848—1915)著桑木严翼译《哲学史要》的汉译；《德国哲学大家汗德传》则为中岛力造《列传体西洋哲学小史》的汉译。

性化如何得以实现？将在下节探讨。

简而言之，之所以章太炎在论及本体之际，并未如康德一样认为本体为不可知，是因为本体既是迷妄之根源，同时也是觉悟之根据，并且章太炎还想从哲学的角度阐明如何打破迷妄而自他皆悟（参看第三节）。

日本的明治哲学如何看待本体

以下，将章太炎的哲学思想与日本明治时期的哲学思想进行对比。当时的明治哲学也在着手研究康德，例如引领当时哲学界的井上哲次郎（1855—1944）曾讲授康德及叔本华，还在日本初次主讲印度哲学（《自传》）。章太炎与井上哲次郎虽然共处同一时代，均学习康德哲学，且精于传统思想，但是两者却大相径庭。然而，通过研究井上哲次郎对康德的理解，却可以从侧面折射出章太炎哲学。

明治哲学的主流是现象即实在论。[①]现象即实在论认为，虽然实在（本体）必须在认识上假设，但实在本身却非认识对象，而是与现象一体化。该观念在明治二三十年代（1886—1906）颇为流行，井上哲次郎曾在理论上进行过体系化，三宅雪岭及井上圆了、清泽满之（1863—1903）等也作同样主张，最终才为西田几多郎（1870—1945）所克服。

以下来看井上哲次郎的现象即实在论。众所周知，井上是一名国权主义者，著有《敕语衍义》（1891年）、《教育与宗教的冲突》（1893年）、《哲学上中的进化论》（1910年）等论著，还有《日本阳明学派之哲

---

① 船山信一：《明治哲学界における現象即実在論の発展》，《明治哲学史研究》所收，ミネルヴァ书房1959年版。

学》(1900 年)、《日本古学派之哲学》(1902 年)、《日本朱子学派之哲学》(1905 年)等与东洋哲学相关的著作。日本的古学派为德川时代的儒学一派,追求孔孟原义,并对朱子学及阳明学进行批判。因为井上哲次郎富有儒学素养,所以在东京帝国大学除西洋哲学以外还主讲东洋哲学史,他曾试图融合东西哲学,[①]为现象即实在论的旗手。

在井上哲次郎的有关现象即实在论的论文中,有 A《我世界观之一尘》[②]、B《现象即实在论(之要领)》[③]、C《认识与实在的关系》[④]、D《对于唯物论与唯心论的实在论之哲学价值》。[⑤]在理论方面 B 与 C 较为详尽。首先,来看井上自己的解说。

井上认为,有关实在(本体)的观点,分为三个阶段。将整个现象看作为实在的朴素实在论,是第一阶段。认为现象具有表面性,并位于实在之彼岸的二元实在论,是第二阶段。但是该二元实在论从空间上理解实在一点,实为谬误。他自己所主张的现象即实在论,即为融合实在论而并非朴素实在论,而且也与二元实在论不同,并不认为实在可以从空间上进行分离,因此,井上对现象与实在的关系论述如下:

> 世界之差别方面称为现象,世界之平等方面称为实在,因此所谓差别即实在,此即为现象即实在论的基本观点。……现象与实在为同一事物的两个方面,在事实上绝未分离,现象与实在

---

① 井上哲次郎:《明治哲学界の回顧》中《結論—自分の立場》,岩波讲座《哲学》,1933 年。

② 《哲学杂志》第 89 号,1894 年(明治二十七年)。

③ 《哲学杂志》第 123、124 号,1897 年(明治三十年)。

④ 《哲学丛书》第 1 卷第 2 集,1901 年(明治三十四年)。

⑤ 1911 年(明治四十四年)。

> 俱在。实在透于现象，现象并非可与实在分离之物。有现象之处即有实在，有实在之处即有现象。①

即，现象不离实在，实在也存在于现象之中。但是，究竟对实在如何认识？以下就从其理论构造加以探讨。

B论文《现象即实在论（之要领）》，由（1）总论、（2）实在之观念、（3）主观上的根据、（4）客观上的根据、（5）论理上的根据等五项组成。C论文《认识与实在的关系》，由（1）认识的对象、（2）认识的事实应该如何说明、（3）认识的界限在何处、（4）客观性实在应该如何证明、（5）再论客观性实在、（6）主观性实在是否应当是定、（7）一如性实在的观念等七项组成。B论文在明确实在观念之后，探讨现象即实在论成立的根据，而C论文则在明确认识的对象及范围之后，分别对主观性、客观性、一如性实在进行了探讨。B及C两论文，均对现象即实在论成立之根据以及认识之对象和范围进行了确定，即探讨了确实、纯粹认识的成立根据。井上首先明确何为实在观念，也是因为将现象界作为了认识对象。即他并不关心认识是否产生迷惑。该点与章太炎不同。

对于实在，井上的观点如下：①根本的实在即客观存在。②心的实在之观念，为心的现象之本源。③实在可通过直观而到达。④实在本身并非认识对象，也无法认识。但是，⑤实在观念对于世界的解释不可或缺。并且对于认识还论述说，①认识停留在差别的世界，以现象为对象。②认识为辨别作用。③主观客观的区别，因论理的抽象而成立。④心的现象为心的实在之特殊状态。⑤从现象讲究实

① 井上，前揭《明治哲学界の回顧》，第73—75页。

在。如上所述,井上的现象即实在论的内容有三,即,以实在为现象之本源,无其假设则无认识之成立,以及通过现象而探索认识实在的条件。

如此,井上并未论及实在(本体)本身。对于实在与现象的关系,虽然与康德的观点有所不同,但是井上以实在为认识之根据,假设于现象之背后,在探索理性认识之成立条件一点上与康德相同。他并未宗教式地将认识作为存在之迷惑,而是在探讨其如何客观成立。

而章太炎则论述了本体本身,以及对于伦理存在的,认识成为迷惑的可能性。正是因为将认识看作迷惑,因此论述了迷与悟的一体原理(本体),以及从迷至悟的历程。

类推的西洋哲学

以下进一步将章太炎的哲学与日本明治时期的佛学研究,特别是与唯识学进行比较。在明治时期的唯识学如何评价西洋哲学这一点上,也反应出章太炎哲学的个性。

例如在中尾教严著《唯识大乘哲学概论》[①]中,认为唯识学立足于相对界来观察相对界,其说明中具有"哲学之发端"。唯识学将"万有"(一切存在)进行系统性分类,并将客观现象作为主观现象的影响。认为主观现象是以"常住之真如"为本体。"真如",即最上之实在。人们忘记了诸现象界的假在,将主观、客观作为"实我""实法"。这便是"执着",称为"人法二执"。"阿罗耶识缘起",是将"阿罗耶识"这一主观心识的变化之物作为诸现象的观点。而"真如缘起",则因为立脚点对于本体("真如")绝对一元,所以是遍在理性("真如")的唯心论。

---

① 《哲学杂志》第167—171号,1901年(明治三十四年)。

如此，中尾教严用西洋哲学的用语对唯识学的基本思想进行了说明。并且还说，本体即为“真如”，并非离开现象具有别的本体，法相大乘之教并未主张现象即实在论，而是在说“真如”遍在于“万有”。“三性说”也同样是类推式的论法。“遍计所执性”将现象论进行了主观的解释，而“依他起性”则进行了客观的解释，“圆成实性”为本体论，“遍计所执性”即康德所谓的假象，“依他起性”则为现象，“圆成实性”相当于“事物本身”。中尾通过类比佛教与西洋哲学，来寻求佛教的现代性。

由此，寻求与西洋哲学之间的类似点便极为重要。中尾认为，西洋哲学史中与佛教有如下一些类似，如苏格拉底与康德类似唯识宗，昆昙宗的世界观与爱奥尼亚学派（Ionian School），成实、三论宗的世界观则与诡辩家（Sophist）及休谟相似。在此，中尾并未如章太炎一般，探讨不同事物之间概念的异同，而是将其进行了类比。他并未让西洋哲学与传统概念对决，而是仅仅用作类推，与章太炎的方法完全不同。当然，运用这种类比方法论的也绝非中尾一人，而是当时通用的一种方法。

总之，在日本，仅将传统思想披上了一件西洋思想的新衣，而在中国则恰好相反，与西洋思想的概念进行了逐一比较批判，也由此实现了自身思想的活性化。

第三节 《齐物论释》——自他融合的哲学与解释学

古典解释学

如上所述，《齐物论释》的第一个特征，便是本体可知的观点。第二个特征，是解释学。但是，章太炎的主要目的并非要阐明庄子的原始思想，而是要表述他自身的哲学。为何通过解释的形式来阐述自己的哲学？如何能够将西洋近代哲学进行批判性对比？其秘密，便在于古典解释学的构造之中。

在中国，古典解释学十分发达，每个时代都会对儒教经典做出合理的解释。这与两千年来儒教一直被作为政治原理，并为之提供规范有关。圣人的规范，必须正确理解，还必须超越时间而成为准绳。因此经学不断谋求普遍性，并顺应时代变化而得以发展。汉代的训诂学、宋代的朱子学、明代的阳明学、清代的考证学等，皆为经学的代表学派，在顺应时代的经典解释当中，也表现出了时代的精神。在中国，因为政治与儒教不即不离，所以古典解释学也从学问论到经世致用论，广泛得到发展。

不过，解释学的成立，除了现实政治的要求之外，也与语言学问题有关。古典文章本无句读等标点，且汉字常为一字多义。加之文章中所述事项及人物、制度等，若无说明，也经常不知所云。例如儒教经典之一的《春秋左传》，僖公四年一条中有"齐侯以诸侯之师侵蔡"一句，"以"字及"师"都需要从语言方面加以说明，"齐侯"及"蔡"如果有历史方面的说明，则更为易懂。该文本来为"齐侯（桓公）率诸侯的军队侵犯了蔡国"之意，"以"为"率领"之意，并非"用"或"思"等意思，"师"为"军队"之意，而并非"首都""首长""先生"之意，如不加以注释，则难以即刻读懂。时代越久，语言离原义越远，就越有必要进行注释。注释的产生，正是基于汉字表现的言语构造本身。

如此在古典解释学中，即产生了正确理解文本内容，以及在现实生活当中活用古典这两个方向。

追求真理与参与现实——古典解释学的两个方向

中国的古典解释学(经学)中,具有实证追求真理("实事求是")和参与现实服务政治("经世致用")等两个方向。在此所谓真理的实证追求,是指以客观妥当的方式理解文本之意。

古典文本在传抄之际,或脱落文章,或误加文字,而且词汇意义也与当代不尽相同,因此不太易懂。将古典文章的几个文本进行比较以正异同("校勘"),或对文字进行注释("训诂"),然后才可理解教义。在此会有数种理解。若探究文本原意,则为"求是",若按照现代方式理解文本,则为"致用"。解释也向"求是"或"致用"一方倾斜。

在此之中考证学提倡"实事求是",以语言方法论为基础,对古典原意进行实证考察,以求正确理解。例如经典之一的《尚书》,《尧典》篇开头部分有"光被四表"一句,"光"字意为"广大",而非"光线"之意,该句为"广阔覆盖世界各个角落"之意。"光"作"广"解,是因为在古代"光"与"广"的语音接近,相互通用所致。该语言现象称为"假借"(因无本字,借他字代用)。另外一例,为《易经·系辞上》中的"圣人以此洗心"一句。传统读法为晋代韩康伯"洗濯万物之心"的注释。韩康伯将"洗"字按照字形意思进行了理解。但是,清朝考证学者王引之(1766—1834)却认为,"洗"字与"先"字发音相通,又"先"为"导"之意,所以解释为圣人以此导之。可知汉字发音在理解文本之际所起的重要作用。

王引之将该经典解释的原则总结为12条。其中,(1)注意经文的文字;(2)注意本应为助词却误解为词语实义之处;(3)名儒所解的经义如果有异,不勉强立说而是保留诸说(《经义述闻·通说下》)。(1)已经如前所述,在此,对(2)稍加补充说明。例如,"当"字有"命中”与“应当”两个含义，实质性含义与辅助性作用共同存在。王引之在《尚书·益稷》篇中举出“蒸民乃粒，万邦作乂”的例子，认为“作”字为辅助作用的助词，为“初始”之意，而不得理解为“制作”之意。

此种解释，谋求妥当理解经典，近似今日学问当中追求真理的态度，所以被称为“实事求是”。这便是清朝考证学的基本态度。王引之的父亲王念孙(1744—1832)也在《广雅疏证序》(1796)中有过如下论述：“训诂之旨，本于声音，故有声同字异，声近义同，或类聚群分，实亦同条共贯。……此之不寤……或望文虚造，而违古义，或墨守成训，而尟会通。”因此训诂之际，“就古音以求古义，引申触类，不限形体”。[①]章太炎的古典学属于王念孙、王引之、段玉裁一脉相承的皖派。

但与此同时，将儒教经典服务于现实也较为盛行，即所谓经世致用之学。其特点是相对于文本理解的客观妥当性，更为重视教义解释。例如康有为《孟子微》(1901年)等即是很好的例子。其经学立场为《春秋》公羊学。该立场将政治理念求之于《春秋》，对现实社会极具关心。《孟子微》也不例外，认为孟子以微言论述了从当下至于太平世之道。孟子所谓的“不忍人之心”(《公孙丑上》)，即为“仁也，电也，以太也，人人皆有之，故谓人性皆善”。在对“不忍人之心”进行注解时，除运用“仁”等传统概念以外，还运用了“电”“以太”等现代概念。“以太”这一概念，当时被认为是支持波动的媒介，康有为的主要目的并非为了探求《孟子》的原义，而是通过解释将词义扩展到现代。

---

① 例如王念孙，在《淮南内篇杂志》(《读书杂志》九之二十二)中，将《淮南子》校勘900余条，概括了约65条原则。这些原则作为文本校勘上的注意事项，同时还考察了容易产生误解的原因。即可以将其按照字形、错简、衍字衍义、脱落、句读之误、文义不审、假借字之无知、注文与正文之混乱等进行分类。

康有为的儒学,更为重视《孟子》的现代性而有经世致用的倾向。此外,还认为"所谓故国者,非谓有乔木之谓也……如此,然后可以为民父母"(《梁惠王下》)等段落,阐明了孟子的赋予民权及开创议院的思想。约生于公元前4世纪左右的孟子,当然不会论及权利及议会,该解释虽然有违历史,但在中国的精神世界中,曾作为精神交流(communication)上之"事实"被接受,一时获得极大的支持。要完成立宪君主制的改革,亟须将其作为正当化的经典根据,对《孟子》的解读,正是顺应了此种现实的需求。读者也未将其读作历史事实,而是作为现实理念的根据接受下来(后述)。经典的实用性解释,在政治权力与知识权威一元化的世界中成长起来。

	性　　质	妥当的标准
古典解释学	实事求是(实证考察古典)	真理性
	经世致用(服务于现实政治)	实用性

如上所述,中国的古典解释学无论在哪个方向均产生出新的意义。章太炎通过与《庄子·齐物论》篇的对话展开自身的哲学,也与此种精神状况有关。

《庄子解故》与《齐物论释》

章太炎有关《庄子》的著作,除《齐物论释》以外还有《庄子解故》(1909年)。他曾在东京为鲁迅、朱希祖等留日学生举办过国学讲习会,在讲习会研读《说文解字》及《庄子》《楚辞》等,并由此著述了《文始》《国故论衡》《新方言》等力作和《庄子解故》。①在《庄子解故》的自

① 参看任鸿隽《章炳麟先生东京讲学琐记》以及许寿裳《纪念先师章炳麟先生》。

序中称："即以己意发正百数十事……音义大氐备矣"，章太炎以此自负。《庄子解故》为文本考证之书，而《齐物论释》则为哲学之书。为理解古典，他对文本考证也并未疏忽。

《庄子解故》以音义为主对《庄子》33 篇合计 248 条进行了考证。与清代王念孙（《读书杂志余编》35 条）及洪颐煊（《读庄子丛录》29 条）等相比，考证数目极多。这也说明了章太炎对《庄子》极为关心，并有诸多疑义。他的方法继承了皖派考证学的传统，属于以音韵学为基础的正统派。①

但是青年时代的章太炎在诸子之中较为关心的却并非《庄子》，而是《管子》。②此点可见于其青年时期的著作《膏兰室札记》（1890—1893）。章太炎对于《庄子》的关心，也随其自身哲学的形成而逐步增强。而阐述章太炎自身哲学的著作，可以说只有《齐物论释》。

如此，章太炎同时具有考证学者以及思想家等两个面孔。对他而言，古典解释学既有通过考证文本以更为妥当的形式求知这一方向，同时还有深刻关切现实的方向，并在此两个方向微妙交错前行。

中国的精神交流（communication）构造——思想活性化的秘密

章太炎既是考证学者也是辛亥革命（1911 年）的思想家。他一面撰述考证学的著作，一面与政治深切关连。而《齐物论释》也与学术性著作《国故论衡》等同样受到欢迎。为何如此？如果考证学者撰述考证学著作，例如著述《庄子解故》并被学界所接受，则易于理解。

---

① 科学研究费补助金研究成果报告《章炳麟の哲学思想と日本明治三〇年代思潮との比較考察》，第 71—76 页，2005 年。

② 章太炎从 23 至 26 岁，学于皖派考证学者俞樾主掌的诂经精舍。当时的笔记，存有《膏兰室札记》全 4 册稿本。在其全 474 条之中，诸子占 312 条，法家《管子》有 116 条，而道家《庄子》仅有 10 条。可见当时章太炎较为关注法家。

因为章太炎也得到了同样的社会评价。但是,《齐物论释》虽然为《庄子·齐物论》篇注解的体裁,却并未进行实证性的注解,而是表明了章太炎的哲学。不过,该书不但未被认为体裁怪异及古典理解失当而惨遭拒绝,反而受到了极高的评价。其原因何在?解决了这个问题,也就可以理解章太炎为何采用了解释学的体裁而展开自身哲学的理由。即章太炎为何不在独立题名之下论证自身的哲学命题。

其实,这与中国的精神世界的状况有关,换一种说法,即与中国的精神交流(communication)构造有关。德国社会学者尤尔根·哈贝马斯(Jürgen Habermas, 1929—　),对接受讨论的条件进行了考察。他将讨论分为五个类型,并且探讨了该讨论被社会判断为妥当的标准。[①]若以此为参考,则古典解释学在"实事求是"方向的讨论,因为经过理性的探讨,所以在命题是否为真理的问题上达到了妥当性水准。考证学的著作,则以该水准为准绳来判断是否妥当。在另外一个"经世致用"服务现实的方向上,因为以政治的实用性为内容,或以思想即伦理的实践性为内容,所以,看其是否可以作为政策的根据,或是否可以作为规范等,来判断其是否具有妥当性(参看第144页图表)。《庄子解故》根据真理性的标准,《齐物论释》则根据价值的标准,来判断是否妥当。按照各自的标准对妥当性进行判断,来决定是否可以接受。这种方法本身并无任何问题。但问题是,在中国此类著作皆具有学术意味,我们很容易产生双方均具有真理性标准的错觉。即以真理性标准理解《齐物论释》并不正确。可以说《齐物论

---

① 哈贝马斯(Jürgen Habermas, 1929　):《コミュニケイションの的行为の理論》(上),未来社1989年版,第48页以下。

释》并非庄子原义，而是章太炎独自思考的结晶。

在中国，古典解释学不断产生出新的概念。中国哲学史的大部分可以说是古典研究的历史，以《十三经注疏》为首的数量庞大的经典解释著作，便是顺应时代而生的新义的集合体。可以说，这是一面谋求对古典确切理解，一面顺应时代要求加以解释的产物。谋求顺应时代要求的解释，是因为儒教被作为政治原理。虽然必须尊重圣人之教的经典，但现实却在不断变化。解释，便是调和变化的现实与不变经典之智慧结晶，从经典中寻求新义以对应现实。知识的世界与政治结合，追求真理（“实事求是”）与服务现实（“经世致用”），微妙地牵扯在一起。加强“经世致用”则“实事求是”便会后退，两者形成了一种紧张的关系。但是换角度来看，这又是思想活性化之后产生出再生之力的结果。

例如康有为的《新学伪经考》（1891 年），论述了汉代的古文经为刘歆伪造之物，“微言大义”之中才有孔子的真意，引起一时轰动，但却是为了正当化变法维新运动的理念。章太炎对《新学伪经考》进行了批判，曾著有《驳伪经考》数十条，但是在与前辈考证学者孙诒让（1848—1908）论及此事时，孙诒让却说，该书骚然世间不过数年，反驳何用？[①]孙诒让认为，从“实事求是”的立场对以“经世致用”为主旨的《新学伪经考》进行学问性反驳，是一件无用之事。但是，章太炎的反驳本身，也说明了即使是学者如他，也未明确区分真理性与实践性的标准。更何况一般的知识分子。即使是真理性，也与政治及道德等价值相关，即使是实践性，其范围也极为广泛，包含了从个人的生

① 《瑞安孙先生哀辞》，1908 年。

活方式到政治问题。两者的相互牵扯不容置否。而《齐物论释》也在以唯识学的概念理解《庄子》，并通过与康德等西洋近代概念的对比，而确立了章太炎独自的哲学，它也是源于其自身的现实生活。从此意义而言，也具有实践性。其实践性一如康有为并非为清朝权力而参与现实一样。由此也可见在中国的精神世界中"经世致用"与"实事求是"之间微妙的平衡关系。政治权力与知识权威的一元化，成为了中国式精神交流之根柢，思想活性化之秘密所在。

为何运用解释学的形式？

但是，仔细考虑的话，这无非是新义的发展必须借助于古典，要借助于知识权威的问题。中国有尊崇古典之风，若在与古典无缘之处宣扬己见，又会有多大说服力？中国的精神交流世界正是平衡了追求真理性与参与现实，知识权威才得以成立。著者解读古典，读者也读出该读解中均衡的绝妙。在中国，政治权力与知识权威正是不即不离的关系。

虽然《齐物论释》之解释的确特异，但清末民初的知识分子也理解其并非庄子思想的历史复原。反而对于章太炎借古典解释学的体裁，直面生活、关注现实的姿态赞叹不已。例如作为记者活跃在新文化运动中的高一涵（1884—1968），作为活跃在新文化运动第一线的一名记者，当章太炎被袁世凯幽闭于北京龙泉寺之际，他高度评价了章太炎的《齐物论释》与国学，认为其学问有如下两个特色。[①]①"综观万法为拘泥一个宗旨者显示了排除异端之误"，②"推阐真言，破泥于教者之暧昧态度"。勿排除异端，应破暧昧态度，这便是《齐物论

① 高一涵：《章太炎自性及与学术人心之关系》，《甲寅杂志》第1卷第5号，1915年。

释》掷向现实的强烈宣言。高一涵也进行了如此解读。

总之,《齐物论释》是章太炎通过与古典对话导出新义并关切现实的解读结晶。正因如此,在其平衡知识与政治并开拓新义的境界这一点上,受到了高度评价,而并非是因为其对文本的客观妥当的理解。但是,《齐物论释》被看作是一部《庄子》研究著作也是事实。由此也可以理解,中国知识分子的精神世界顺应立场及情况的变化,将追求真理与参与现实紧密关连的状况。

解读——《齐物论释》的解释学(1)

中国思想是借古典这一知识权威而发展起来的。无论是从历史性正确理解古典的方向,还是从服务现实的方向,都有解释介在其中。那么,何为解释?

所谓解释则产生新义,一般是指通过解释,从文本展示新的人生姿态,探索与世界关连的方式。①因此,所谓文本解释,并非是以文献学的方式阐明历史性存在的著者原意。②这是对于解释的哲学定义,然而,《齐物论释》也未以阐明历史性存在的庄子意图为目的。章太炎认为庄子与佛教密合,他在两者之间潜在的言说隔阂之上,通过解释而架设了理解之桥。通过架设桥梁,新开拓出了存在之境界。所谓存在之境界,正是章太炎在苦难之中构思的人生姿态。其并非为庄子的哲学,也非佛教,而是关切近代中国闭塞现实的章太炎之人生本身。

---

① 保罗·利科(Paul Ricoeur, 1913—2005):《解释の理论—言述と意味の余剩》,ヨルダン社1993年版,第158页。海德格尔(Martin Heidegger, 1889—1976):《解释と理解》,奥托·珀格勒(Otto Pöggeler, 1928—2014)编《解释学の根本问题》所收,晃洋书房1979年版。

② 保罗·利科:《言述における出来事の意味》,《解释の革新》所收,白水社1978年版。

以下，来看《齐物论释》是如何进行解释的。在《齐物论》篇首，隐者南郭子綦倚机而坐，仰天而嘘，又与弟子颜成子游讨论人籁、地籁、天籁。这一段作为论述万物根源中的“无”及“真宰”（主宰者）的导入部分，暗喻颇多。因为“籁”为箫之意（郭象注），所以“人籁”是指人奏之音，“地籁”是指地上无数的洞穴经风发出之音。何为“天籁”？南郭子綦对于弟子之问回答如下：

子綦曰：夫吹万不同，而使其自己也。咸其自取，怒者其谁邪。①

晋代的郭象，对于该段文章注释道：

此天籁也。夫天籁者，岂复别有一物哉。……自己而然，则谓之天然。天然耳，非为也。故以天言之。……故物各自生而无所出焉。此天道也。②

<table>
<tr><td rowspan="3">意义的层次</td><td>教义的现代解释</td><td>文本的妥当理解</td></tr>
<tr><td colspan="2">训　诂</td></tr>
<tr><td colspan="2">文　本</td></tr>
</table>

郭象本来就对于主宰万物的存在持否定态度。认为若万物之外尚存在有天，并生出万物，则自然非自然，而是“他然”，甚为奇怪。故万物皆因本身内部之力而生。日本的中国哲学家森三树三郎认为，这是一种称作“无因自然”的自然观，是由郭象加以阐明的庄子自身的观点。③无因论，是一种与承认万物创造主的西洋自然观相对立的观

① 译文为森三树三郎译前揭书。

② 《南华真经》卷一。

③ 森三树三郎：《自然と人为》，《哲学研究》第43卷第10号，1967年。

点。章太炎在论述因果律之际，将此无因论（不存在世界的主宰者）作为最终真理进行了高度评价，并解释说，阐明从"我执"解放的方法的，正是"地籁"及"天籁"之说。

> 地籁中风喻不觉念动，……天籁中吹万者，喻藏识；万喻藏识中一切种子，晚世或名原型观念。非独笼罩名言，亦是相之本质，故曰吹万不同。使其自己者，谓依止藏识，乃有意根自执藏识而我之也。①

郭象将"万"解作万物，章太炎则解作"藏识"（心之深层次的幻出世界的本体）。因此《齐物论》论述了从迷妄解放出来，其后又解说道："故知所感定非外界，即是自心现影。既无外界，则万窍怒号，别无本体，故曰怒者其谁。"即《齐物论》论述了唯心论的现象乃是映在心中之幻影的世界观以及无因论。这一立场一贯始终，在《齐物论释》第二节全体（"非彼无我、非我无所取"一句至"人亦有不芒者乎"一句的部分）中，也是论述了从迷妄解放内心，总括为"无我"的主张。

产生含义的技法——《齐物论释》的解释学(2)

假如对《齐物论》篇进行解读，认为其论述了"无我"之主张，则该判断的标准何在？当然其内容必须具有价值且评价较高。但是，因为对于中国思想，真理追求与现实参与等两个评价标准相互牵连，所以在真理性一点上也必须具有一定的说服力。简而言之，正确的解读是以形式性方法来对真理性进行探求。以下将对此进行具体探讨。

在《齐物论》篇的开头部分，有一段为"其寐也魂交，其觉也形开，①③与接为构，②日以心斗。④缦者，⑤窖者，⑥密者"。章太炎对该

---

① 《齐物论释定本》第一章第一节。

段注释如下：

①“接”字，即佛教所谓的“触”（主观客观的接触）及“受”（接受外界对象的印象感觉）之意，是“能取”（所谓主观）与“所取”（所谓客观）相继加入所引起的。

②“能取”及“所取”相继加入之后，则对象始终感到愉悦或苦痛，所以称“日以心斗”。

③在《庄子·庚桑楚》篇中有“知者接也。知者谟也”，该“接”字也为佛教的“触”及“受”之意，即现代人所谓的感觉。“谟”字有佛教所谓的“想”（表象）或“思”（所谓意志）之意。

④“缦”，梁简文帝注为“宽心”（指使心胸宽阔），为佛教中所谓“散意”（指心乱神散）、“率尔坠心”（指接触对象的刹那之间所生之心）之意。

⑤“窖”，梁简文帝注为“深心”（指使心胸深邃），为佛教所谓“寻求心”（指详细审究对象之心）之意。

⑥“密”，指“精心”（指使心胸缜密），为佛教所谓“慧”（指知晓万物，推理判断的精神作用）之意。

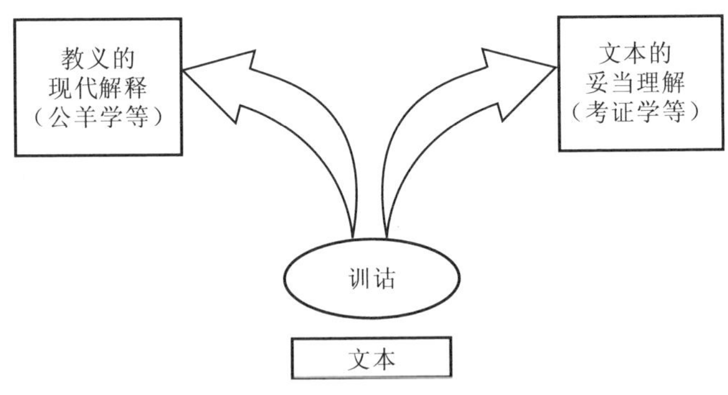

文本意思因训诂而产生变化

章太炎以唯识学解释了庄子对于心及对象的论述，并运用训诂的传统手法对难解字句进行了注解。例如在④～⑥中引用了旧注，便是此类。另外在③中，为了补强①②，引用了其他论据。先有如此训诂，然后才与佛教概念接合。训诂不仅是对于不明词义的注解，也是转换词义之际所运用的技法。训诂在此的作用，并非只是实现了佛教式异质思考的转换，还向读者暗示了其并未忽视传统的注解方式（追求真理）。

之所以可以运用该注释方式，是因为汉字词句原本不易理解，因此自古即有相对的注解形式（训诂）。而且其中还具有文本解释的一般性质。哲学家保罗·利科（Paul Ricoeur，1913—2005）认为，在对话时若有不明之处，可以直接向对方口头询问，但在阅读书写的文本之际，则无法向作者询问。在文本书写以前（即对话）与成为文本以后（即书写文本）之间，原本即存在若干隔阂，而读者则在此隔阂之间读出新的解释，于是在两者错位之处便产生了新义。而在中国古典学中，尚有汉字词句本身难解的问题。因古典所用汉字难以理解，所以训诂便极为必要。汉字词句，极易构筑一个新义的世界。通过中国式的解释方式，章太炎哲学最终为中国的精神世界所接受。

作为本体的“阿罗耶识”——主意主义(Voluntarism)

章太炎哲学的特征，在本体论上最为明显。虽然章太炎对因果律、时间与空间、言语等各种问题进行过论述，但在其哲学之中最具特征的还是本体论。

如前所述，章太炎以唯识学中的“阿罗耶识”作为本体。康德将“物自体”置于现象界背后，认为其不可知。他的观点与章太炎形成鲜明对照。章太炎积极论述本体，对于康德的本体不可知论进行了批判(《齐物论释》第二节)。若借用《齐物论》中的表述,章太炎是从“知止其所不知,至矣”的非合理主义立场,超越了客观对象认识的范围进行论述。他因为重视直观(《齐物论释》第二节),所以并未将对象认识的客观性等视为问题。

章太炎还将本体的“阿罗耶识”称为“原型观念”。“原型观念”一语,来自姉崎正治(参看本书第一章第四节),伴有西洋近代学问的语感。章太炎认为,“此论藏识中种子,即原型观念也”(《齐物论释》第一章第三节)或“谓此概念法尘,非由彼外故生,由此阿罗耶识原型观念而生”(《建立宗教论》),将“原型观念”比作唯识学的概念。而姉崎也在《上世印度宗教史》(1900 年)中认为,“以即根本的阿黎耶识为一切法之所依,乃是含蓄一切现象之种子即原型观念的执持(Adana)也”。章太炎与姉崎正治均将其比作了唯识学的基础概念。即按照唯识学的观点,则此世界万象皆为“阿罗耶识”所体现的“自心现影”。人“执着”于世界,但世界根源却只是“真如”而已。本体即“真如”,同时反映世界而成为执着于对象之原因,具有双面性。“阿罗耶识”藏有产生现象之原因的“种子”,在指清净本体时称为“庵摩罗识”(参看本书第三章第二节)。因为迷妄与真如为同一根源,所以必须绝离心造之幻妄,得“真之自证”。[①]章太炎将世界根源称为“阿罗耶识”,同时还对解开迷妄而悟清净之本体进行了论述。他认为真的开悟取决于心之自发状态(意志)。因为“阿罗耶识”也是清净的“庵摩罗识”。章太炎将迷悟兼具的本体作为世界根源,并论述了从本体的解放,这正与叔本华以盲动的生之意志为世界根源,并将从意志的解脱作为

---

① 《全集》(六),第 71、72 页。

伦理目标的观点相似。因此可以说，章太炎的观点，正是以心（意志）为世界之根本原理的主意主义（Voluntarism）。[①]

那么，以下即从开悟与救济的角度，对于到底如何可以开悟及是否为主意主义的问题进行探讨。

自他皆救——生命哲学(1)

章太炎认为《齐物论》的主旨为“内圣外王”（前节）。庄子之教义在于人各自主（外王）与智无留碍（内圣）。但是，章太炎在论述“内圣外王”之后，即刻举出了大意如下的例证。即《大乘入楞伽经》（为唯识系佛典，结合了“如来藏”与“阿罗耶识”的思想）之“大悲阐提”（为救一切众生，决意不入涅槃之境）思想，正是庄子到达的境地。其目的并非是只考虑自己跳出轮回，而是为了消除众生“执着”。[②]因为迷妄与开悟也是出自真妄一原之本体，所以仅自身开悟尚有不足，还必须令他人开悟，[③]拯救自身与拯救他人密不可分。对于自他之证悟才是佛法的究极教义、“大悲阐提”思想极为重要等观点，章太炎进行了反复论述。[④]

该观点，从与他人的根源性结合之中认识自己，并将他人作为了自己的实存性分支。在《建立宗教论》中，也论述说：“故大乘有断法执，而不尽断我执。以度脱众生之念，即我执中一事。特不执一己为

① 中国近代思想史中的主意主义概念，管见认为，可见于美·迈斯纳（M.Meisner，1931—　）的《中国マルクス主義の源流ー李大釗の思想と生涯ー》（平凡社 1971 年版）。迈斯纳认为，李大钊不但受到柏格森（Henri Bergson，1859—1941）以及爱默生（Ralph Waldo Emerson，1803—1882）哲学影响，他还极力宣扬积极主动的实践，具有能动主义世界观，因此迈斯纳评价其为主意主义。

② 《全集》（六），第 119 页。

③ 《全集》（六），第 108 页。高田氏认为，与《齐物论释》初版本强调自证相反，定本论述了自证即他证，思想明显有所变化。前揭书，第 276 页。

④ 章太炎：《论佛教与宗教、哲学以及现实之关系》（1911 年），《中国哲学》第 6 辑。

我，而以众生为我。”所谓“以众生为我”，是指他人的存在对自己之实存不可或缺。此处将自己看作了融合自他之大我的实存性分支。因此，不但要自己开悟，还必须要令他人开悟。

如此则不可自己安住涅槃，必须不断拯救他人，不可“执着”于生死。必须不断批判现实，为实现理想而行动起来。但是自他之开悟为内心的事实，唯有通过不断实践而进行直观。现在则可感受到生命的瞬间。对于与他人的关系，章太炎主张尊重自然共感而排除自利，认为社会不可以伦理之名而对关怀他人的自然共感加以强制（第三章第一节）。他将如此生命的姿态用佛教语言“大悲阐提”或“无住处涅槃”加以表达。

> 庄生是菩萨一阐提，已证法身，无所住箸，不欣涅槃，随顺生死。①

意为，因庄子是拯救众生的菩萨一阐提，所以即使已经得悟，也不喜安住涅槃，并接受生死顺从天命。即不断进行自他救济。不断的救济，章太炎在其他部分也有论述。如将《庄子·则阳》篇中“所行无尽”一句解作“即所谓不住涅槃”，将《天地》篇中“时聘”一句解作“即不住涅槃”（《齐物论释》第七章）。

这种视自他为一体的思想，在中国思想的传统中称为万物一体论，其认为不分自他的融合之境才是本源。该观点认为自他根源一体，因此为求自身开悟，还必须令他人也开悟，所以不断行动，极具能动主义特点。总之，因为自他之开悟，唯有在实践之中进行体验性直观，所以生命也愈显浪漫。章太炎借佛教的“大悲阐提”

---

① 《全集》（六），第120页。

或“无住处涅槃”，对于开拓生命之新境界的哲学加以表达。将众生之救济看作“我执”之一而不安住“涅槃”。在拯救众生之中开悟自身造就的迷妄。此实践活动(章太炎也称之为“菩萨行”)，首先必须有此意志，章太炎不仅在“阿罗耶识”之心(意志)中探求世界之本体，还重视实践悟己悟他的意志。可以认为，其思想极具主意主义的特征。

章太炎一向以“任侠”一词宣扬这种自他皆救的思想，①最后以佛教形式加以体系化。正如“任侠”一词所示，章太炎在创建新型国家的政治目标下，开始构筑作为主体的新型伦理。

然而，叔本华认为，因为世界是通过盲动之意志所发现，所以人只有否定该意志后才可以解悟。章太炎也认为，世界是由“阿罗耶识”这一本体所幻出，该本体同时也为“如来藏”，因为迷悟皆潜在其中，所以自他唯有在开悟之中才可获救。虽然叔本华与章太炎在理论的详细部分有异，但在将意志及心作为世界本体，作为存在及认识等的根源一点上相通。这是因为章太炎与叔本华均为主意主义立场。而章太炎之所以关注《道德学大原论》，可以说也是因为其立场产生了共鸣。而他不仅言及客观认识的成立条件，也言及世界本体以及产生迷妄的过程，则是为了论述自他开悟的问题。

《齐物论释》正是如此为关连他人的意志而提供了形而上学的根据。这也正是章太炎的生命哲学。但是因为该书借用了《庄子·齐物论》解释的形式，又以唯识学用语进行论述，所以，反而隐藏了其哲学之本质。

---

① 参看前揭拙稿《章炳麟における“我”の意識—清末の任侠(Ⅳ)—》。

章太炎与柏格森——生命哲学(2)

在给弟子吴承仕的书简(1917 年)中,章太炎论及“阿罗耶识”之开悟与阳明学及印度古代哲学数论的部分,①也谈到过持生命哲学观点的柏格森(Henri Bergson, 1859—1941)。大意为,在“阿罗耶识”即开悟这一点上,阳明学者罗洪先及王时槐等尚未至于“真如”之“本觉”。数论派也因为执着于“神我”(永远存在的精神原理),结果大同小异。而柏格森所证果然如此,甚为难得,较之哲学空言有所进步。中国对柏格森的介绍以及柏格森崇拜者的出现,皆晚于该书简,②且书简内容较为片段,所以章太炎对柏格森的理解程度不明。但先且不论其对柏格森的理解是否正确,在此需要关注的是,章太炎言及“阿罗耶识”之开悟以及与阳明学的关系,并从直观与行动性上评价柏格森。书简中所谓的“哲学空言”,大概是对西洋近代的主知主义的客观认识所进行的议论,总之,直观与行动性,正是直接把握生命的哲学特征。即以直观与行动性评价柏格森,正可以说明章太炎在此点上与柏格森产生了共鸣。

总之,章太炎既对僵化的现实抱有怀疑,也无法接受世上风靡

---

① 见于 1917 年 5 月 23 日与弟子吴承仕(1884—1939)的书简《与吴细斋书》之中(《章炳麟论学集》,北京师范大学出版社 1982 年版)。吴承仕为安徽省歙县出生,曾为中华民国临时政府司法部佥事,并研究历代典章制度以及三礼之名物等,著有《经典释文序录疏证》等著作。章太炎被袁世凯幽禁于北京龙泉寺之际,吴承仕送去衣食,还不断通信请教,《菿汉微言》即是章太炎口述,并由吴承仕记录下来的一部著作。

② 对柏格森的介绍,也正是在如杂志《民铎》第 3 卷第 1 号(1922 年)编辑柏格森特集号之际,并于 1923 年还举办了由信奉柏格森的张君劢担任一方论客的“科学与人生观”论争。其中,直观及自由意志、因果律成为论点之一,而这些在《齐物论释》中早已成为论题。

的天理及公理，于是在直观与行动当中开始重新探求自己的生命。正如他于1907、1908年左右，曾对周围言及准备出家前往印度一样。所谓僵化的现实，不但指《民报》的封禁以及同盟会内部纠纷等政治状况，而且也包括其生活方式所带来的精神上的孤立感，因此章太炎直接把握生命的愿望极为强烈。他经常言及叔本华伦理说，也正是在此期间。现在，将章太炎归类于生命哲学，并非是想强行将中国思想按照西洋方式分类，只是因为在哲学类型上两者近似而已。

小　结

《齐物论释》是章太炎借用古典解释的形式，阐述自身哲学的一部著作。

(1) 其中，在对世界之本体、迷悟之生成及解悟等方面的论述独具特色。章太炎在本体的认识上，与康德形成鲜明的对比，且与明治时期的现象即实在论也存在本质的区别。

(2) 章太炎对于本体与迷悟的论述较为集中，是为了显示"真妄一原"之本体，阐明发动他人的哲学之根据。因为自他根源一体，所以开悟自身必须开悟他人。自身开悟，唯有通过不断的实践才可直观，不得安住于开悟之境地。此"大悲阐提"的观点，即为章太炎自身的基本思想。

(3) 章太炎一向以"任侠"一词宣扬这种思想，虽然带有政治性，但是通过对叔本华及康德等的批判性吸收，并通过学习佛教，整理了其哲学体系。又在此时选用了《庄子・齐物论》这一充满暗喻的文本，创作了《齐物论释》这部著作。他关切现实，通过与文本的对话,开拓了新生命的境地。而古典解释学也在此刻,成为产生新义的绝佳模式。因为可以通过对难解汉字词句施以训诂而开拓新义。

(4) 如此,即从古来提倡的万物齐同、绝对无差别的世界,创造出自他皆救的新伦理观。但因为章太炎晦涩的表达方式以及佛教理论的包裹,所以在其论理的根柢,虽然潜在浪漫之自我,却难以辨别。不过,若想起“自主”一词是在讴歌浪漫之自我的独裁,或可明察。

(5) 章太炎之哲学,与西洋近代的对抗性极强。哲学方面追求人生的智慧“开悟”,不但不问认识的客观性,反而将认识作为存在的迷妄,哲学内容极具对抗性。而且他所构思的静态共同体形式的新型国家社会形象,也是对推行产业化的西洋近代社会的一个反命题。

结　语

章太炎为清朝考证学大家。然而他生活的时代，并非丰饶安定的清朝中期，而是气息奄奄的清末。当时，西洋列强侵蚀中国，西洋近代文明也滔滔涌入。特别是在甲午战争败北之后，西洋近代文明被急速引介进来。清政府也以实现近代化为目标，向日本派遣留学生，知识分子们也来到日本，通过阅读日本书籍了解西洋。同样，章太炎也来到东京，呼吸到了明治时期的空气。

在开始超越近代国家之藩篱的意义上，中国近代可以说正处于全球化的初期阶段。当时中国面对全球化浪潮至少必须解决三个课题，一是中华意识的相对化；二是新型国家社会的构建；三是新伦理观念的形成。第一个课题，是因为接受西洋近代文明，首先必须使强烈的自我本位价值观相对化。第二个课题，虽然近代这一历史阶段伴随工业化及民主化之波，但是工业化不仅是经济体系的变革，也带来了国家体制及社会体系的变革，因为陈旧的王朝体制以及闭塞的农业社会已经无法应对工业化的大潮。加之，中国正陷入半殖民地状态，尚面临国家独立的课题，必须构思一个新型的国家及社会。第三个课题，以父子夫妇、君臣关系为基础的儒教，在以平等为基础的近代社会已经不再通用，当前的统治阶层之间已出现了旧伦理崩坏与道德堕落，因此新型国家社会必须建立新的伦理。清末的思想家，不得不解决这样三个课题。

此三个课题，与现代中国也有共通之处，而章太炎则以树立共和制国家、发掘民族文化、构筑新型伦理观的形式进行了回答。他的民族主义，以打倒清政府与树立新型国民国家为目标，这在文化上，也是一个寻求民族固有性的问题。汉族不同于满洲，中国也不同于西洋。全球化的潮流，总体上在使民族文化趋于均一，但具讽刺意味的是，却使地域文化的意义得以发现。章太炎在来日时的欢迎会上，一面高呼"用国粹激动种性，增进爱国的热肠"，一面又称"用宗教发起信心，增进国民的道德"，显然是意识到了中国近代的思想性课题。

但是他除了主张在现实中打倒清朝政府而树立共和制国家以外，又认为新型国家社会在漫长的历史当中将逐步趋于消亡，并且构想了一个理想的静态共同体。现实的政治战术，在"梦想"中变得相对化。这两个不同的方向，是由他的民族主义立场与浪漫主义观点所致。他的民族主义成为"排满主义"而政治运动化，但浪漫主义观点则发现了国家对个人的压抑性，并计划在历史中将其弱化。因此，章太炎一面倡导强烈的"排满主义"，一面还反讽地论说了现实国家的"无"毒化(《五无论》《国家论》等)。当时，被批判为"不宜作佛声也"，正是在其论调的相反方向遭到批判。他所说的实际的政治选择与具有"梦想"的浪漫主义批判性，将在辛亥以后经受考验。"梦想"是否开始向现实靠拢，也将在失去清朝这个压力时遭受考验。

但是，章太炎强调个人的浪漫主义观点颇为重要。因为他一面以个人的“自主”为名在讴歌中国近代的自由，一面也在构筑新的关系伦理。“自主”思想，主张在与他人产生伦理关系之际，应该由个人自由选择，而不得以公理之名加以强制。意识到“Liberty”，在强调个人决断的同时，“自主”思想还伴随有以自然关爱的感情（“隐爱之念”的共同感情）与他人相关连的伦理观。当时，存在自利或利他的伦理问题，章太炎以“自主”与共同感情等二者作答。而提倡共同感情之根据为自他融合的哲学，按照中国传统的说法，为万物一体论。自他根源本为一体。因此为己必须救人，不断为他人服务。该哲学在《齐物论释》中借用“大悲阐提”这一佛教用语进行表达，而他本来却是以“任侠”一词论述了该思想。他通过批判性吸收了西洋近代思想，又学习佛教思想，将自己的哲学体系化。

然而，到达《齐物论释》思想的历程并非那么平坦。在著述《訄书》期间，章太炎接近并且积极吸取了西洋近代思想，在世界诸事例当中将中国相对化。但是从“苏报案”入狱以后，章太炎开始深刻关注佛教，并面对哲学。来日本之后，直到在编辑《民报》期间，他对西洋近代思想开始批判性研读，最终在《齐物论释》中展开哲学性批判。可以说，《齐物论释》是在与西洋近代哲学的对抗中，找到了中国独自哲学的可能性以及新型伦理观。但是，必须认识到的一点是，他与西洋近代思想的对抗以及对中国思想的重建，是在全球化的知识环境中进行的。

章太炎迄今除了学术方面以外，还有诸多如《五无论》及《四惑论》等《民报》时期的政治思想研究，在其反近代性中不断寻求着可能性。但他的反近代性，实际上是以《訄书》中的西洋近代思想的积极吸收为基础，而《齐物论释》则是以叔本华哲学作为了批判的基础之一。不过这点一向未受关注，原因在于人们只是关心其对于近代文明的批判，除此之外，章太炎丰富的古典素养以及晦涩难懂的文章，也将其吸收西洋近代思想的事实隐藏起来。

清末，中国终于从知识的封闭系统中解放出自我。通过被政治暴力强行打开的历史之门，中国看到了世界的趋势。但是仅就文化而言，在中国，西洋近代思想并未简单地逐步渗透普及。通过章太炎思想之发展过程，即以中国古典研究为基础，通过明治思潮吸收及批判西洋近代思想的过程也可以明白，在知识的开放系统中，中国开始进行思想的相对化以及活性化。章太炎思想的轨迹与感染力，可以说是其事例之一，并且凸显了问题所在。即古典解释的思考方式触及知识权威与政治权力的一元化这一中国的根本问题。而且，围绕“内圣外王”的伦理与社会而展开的议论，也使得对工业化极为冷淡这一问题浮现出来。

总之，章太炎在思想上的成熟，是通过了西洋近代思想及明治思潮等全球化知识环境才成为可能。古典学者章太炎的思想中已被相应地烙上了近代性的印记。对于章太炎思想，本书不单从传统的重生及反近代性等角度进行眺望，而是对于全球的知识环境触发了传统，并使之与西洋近代思想进行对抗的轨迹进行了追踪。章太炎思想的轨迹，与西洋近代及明治时期的日本不同，而是展示了另一个近代的形式。